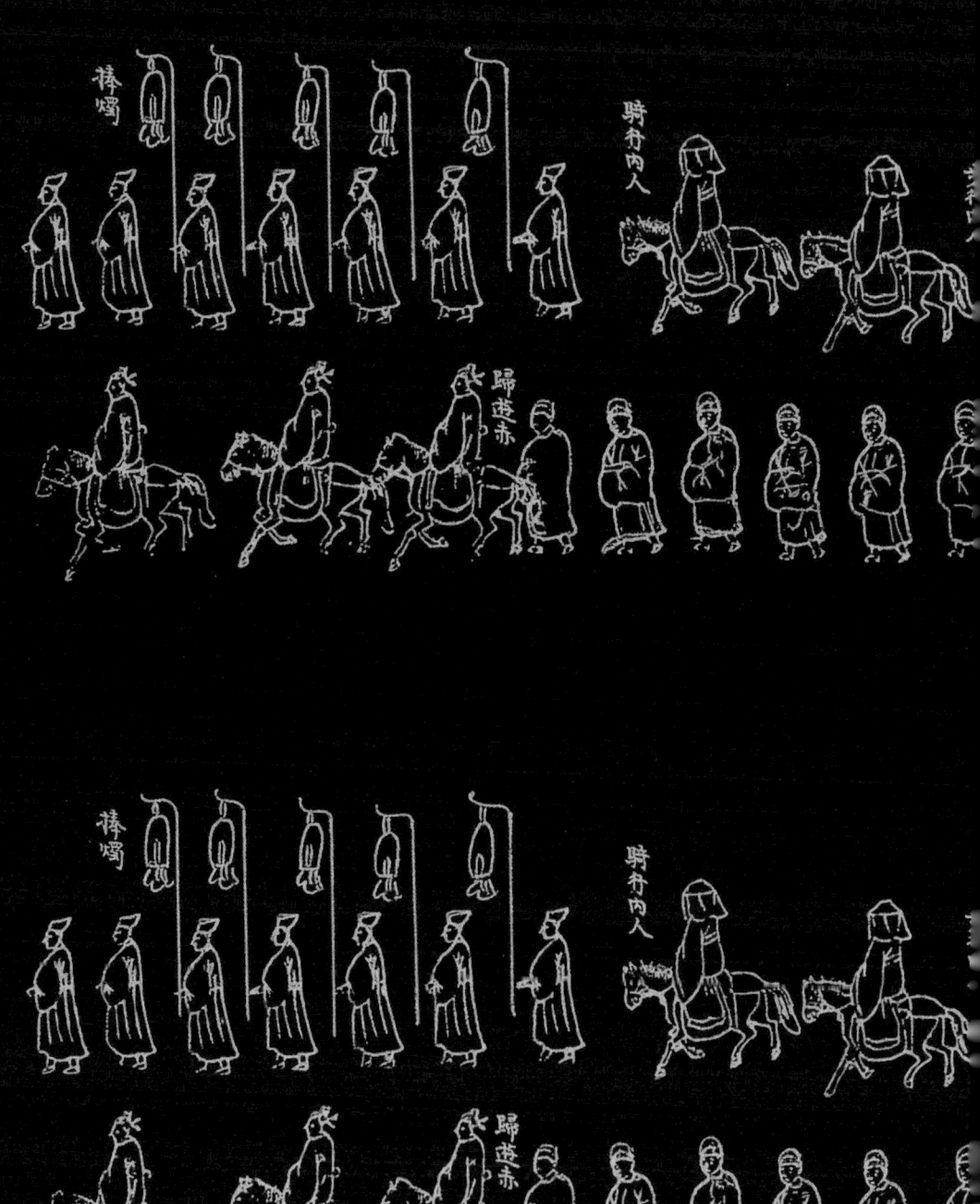

奎章阁素养丛书 1

朝鲜国君的一生

韩国奎章阁韩国学研究院　编

王楠　[韩国]安正燻　译

通过英祖生平了解朝鲜国君人生

1694年作为肃宗的第二个儿子出生

六岁（1699年）被封为延礽君

1724年继承王位

在位第十七年（1741年）与承政院承旨们一起纪念经筵
52年内，经筵共开设了3458次
在位第二十三年将自己的文章和书法集成御笔集刊行并保存下来

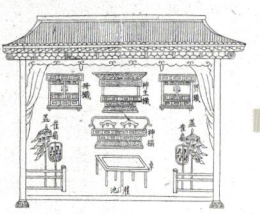

尽心祭奠先祖

在位第三十五年（1795年）册封世子（正祖）

十岁迎娶第一任妻子（1703年）
贞圣王后

1721年册封为王世弟

在位第十九年（1743年）
与大臣们比试射箭

在位第二十年（1744年）
进入耆老所

出巡视察百姓疾苦

在位第三十五年迎娶
继妃（贞纯王后）

1760年疏浚清溪川

1766年驾崩

奎章阁素养丛书发刊词

奎章阁成立于正祖（1776～1800）即位之年（1776）。之后的135年间，奎章阁都是朝鲜王朝最高规格的图书馆和宫廷学术机关。1910年，曾经作为国家记录和文献知识宝库的奎章阁被废止，失去了学术机关的机能，而仅作为图书馆维持了近百年。但在创立230年之后的2006年，奎章阁与韩国文化研究所合并，被重新启用为学术研究机关，以奎章阁韩国学研究院的新面貌重新出现在人们的面前。

奎章阁是保存朝鲜时代纪录遗产最多的档案馆。不仅包括联合国教科文组织指定的朝鲜王朝实录、国宝级的古籍、仪轨等在内的世界文化遗产，也包括其他大量的记录档案。韩国学专家们以这些浩繁的材料为基础，开展了很多高水准的学术研究活动。随着地缘学外延的扩大，韩国学正在逐步走向世界化，同时，韩国学研究也从学者单独研究渐渐转向学界民间共同研究。从2008年起开设的"奎章阁星期五大众讲座"是学界联手民间共同促进韩国学发展的一次尝试。本次发行的"奎章阁素养丛书"系列就旨在把在"大众讲座"中提到的韩国历史趣闻展现给更多的群众。

奎章阁书库中保存着种类繁多的记录资料。作为王室图书馆，奎章阁收藏了实录、仪轨等官方记录资料，也收藏了生动记录两班、女性、中人阶层专家、其他边缘人群等的日常生活的文集。奎章阁的研究人员们通过这些文献中的记录生动地再现了朝鲜时代各个阶层人们的人生和日常生活点滴，将历史资料重新赋予了生命力。"奎章阁星期五市民讲座"和"素养丛书"都致力于把这些研究成果与大众共享。第一册的内容讲的是"君主的一生"。此后会依次推出"两班的一生""女性的一生"以及其他边缘人群的人生等专题。

在本套丛书中所展现的朝鲜时代人物的生活状态都是以奎章阁收藏的记录为第一手资料，同时也最大限度地参考了参加讲座的群众提出的创新意见。"奎章阁星期五大众讲座"和"奎章阁素养丛书"由奎章阁的记录、韩国学的研究者以及群众的意见共同完成。希望能得到大家的关注和建议。

奎章阁韩国学研究院院长　金永植

前言
位及至尊、文占鳌头的朝鲜国君

提到王,人们自然会联想到权力无所不及的专制君主。王是一个国家的所有者和管理者,因此为了表示获得王位之人的尊贵无比,用"至尊"来代称君主。荀子曾云:"天子者执位至尊,无敌于天下。"

不过,朝鲜王朝的王即使作为至尊仍然要保持士大夫的涵养。孟子曾用"以德行仁者王"来定义王。与"王"意义相对的概念是"霸"。霸以武力来统治国家,而王以文治理天下。采用性理学统治理念的朝鲜社会崇尚的是文治,即礼制。从这个角度出发,朝鲜王朝的王就是通"文"的文人,而且也必须成为这样的文人。朝鲜王朝历任国君中,虽然有人在马背上通过自己的实力登上王位,有人被有势力的大臣某天早上拥上王位,但大部分的王都是具有士大夫涵养的文人。

本书介绍的就是文人至尊、君临天下的朝鲜国君。大家可能会觉得对王的一切有所了解。这大部分是受到影视剧中王的形象影响，想当然地以为王就是那个样子。本书将更鲜明地将王从出生到宾天的一生再现于读者。王也是常人，他的人生与常人并无二致。但在生活的点点滴滴中，却体现着与士大夫不同的仪式与流程。本书将在纵观王的一生的同时为读者解读王和士大夫人生境遇的不同。

王在王妃居住的交泰殿或大造殿里昭幸王妃。"交泰"的含义是天与地的相交，"大造"则表示伟大的创造。这是在祈求象征着天的王与象征着地的王后能够生养出未来统治国家的伟大人物。如此降生下来的王子被称作"大君"，其中的长子会被册封为"世子"。当然也有非长子大君为王的情况。如王膝下没有大君，则会从其他妃子所生的"君"当中选择储君。

册封为世子的王子为了在将来成为明君，要接受严格的教育。以文治为方针的世子教育虽然以学识和文学为中心，但更重要的内容还是品德的培养。即孟子所说的王要以德行仁。朝鲜王朝以礼治国，世子在成长的过程中要亲身经历很多仪式来学习礼学。另外，书法与射箭是朝鲜国君代代相传的技术，世子必须技艺超群，为此要不停地接受教育与训练。

世子和一般的士大夫一样在十五岁左右要进行大婚。主管此事的王妃在年龄相仿的少女中选择合适人选后，为世子举行婚礼。但若王妃在此之前离世，此事便由王接管。英祖六十六岁时迎娶贞纯王后就是这种情况。王或世子到了择妃之时，国家会在全国范围内颁布禁婚令，根据家世、容貌、举止等标准进行拣择。盛大的结婚典礼以"嘉礼都监仪轨"的名称被记录下来。仪式结束之后必整理成文献记录的做法是朝鲜王朝的一种记录文化。

被选为王或世子另一半的女子即使成为王妃或世子嫔，也并非前途一片光明。王妃除了饱受生子保位的压力之外，还要时时顾及到娘家政治势力的荣辱与安危。朝鲜时代初期以来，宫中佛教盛行，宫中女子用宗教排遣心中不安也是其中原因。

世子在登上王位之前就不幸夭折的情况不占少数。偶尔也有因行为不端而被废掉的情况。当然在没有特殊情况出现的前提下，世子都会顺利登上王位。虽然有世子在继位之前临时代理听政的特例，但大部分都是先王驾崩之后世子才继承王位主持大统。

有一个词叫"宵衣旰食"，意思是君王为国事操劳，天不亮就穿上朝服开始处理政务，到很晚的时候才用膳。王正是这样日理万机。作为天与人连接的媒介，王经常要为江山社稷举行祭祀，还要直接掌管重要的典礼，与大臣们议定国内重要国事，裁决重大刑事案件，处理与中国、日本的外交问题等。王要处理的事务囊括了行政、司法、外交等诸多方面。虽然大部分的政务都在宫中进行，但到了朝鲜时代后期，王作为百姓的慈父还要经常出宫巡查以平定民心。特别是英祖经常进行盛大的出巡，向百姓展示国家威严的同时也意在以此强化王权。

王每天都要处理国家的重大事务，还要时常与大臣们进行商议。王的朝政活动种类多样，有定期进行的朝参，有每天早上与大臣们简单会晤的常参，有审查常参以外其他部门的定期报告的轮对等。此外，在百忙之中还不能忽视了经筵这一重要会议。经筵是王的一种终身教育，也是发生重大事件时的一种集体讨论活动。在经筵上，王要与大臣们一起研读重要的经典和史书，然后就当前的时局进行分析。经筵每天要举行三次，分别被称为朝讲、昼讲、夕讲。因为政事繁忙，王的正式日常活动几乎要进行到晚上九点。不过被人们称为明君的王，到这个时候还并没有结束一天的活动。还要秉烛夜读、批阅公文或是构想国家未来蓝图，以致危及健康，因此明君一般都不会长寿。

朝鲜王朝国君不仅要在王位上饱受政务煎熬，还要具备与士大夫不分伯仲的学识，这样才能成为一代明君。历史上的世宗和正祖就具有冠压群臣的学术造诣。历代国君从世子时期就跟随学识出众的大臣进行学习。朝鲜时期国君的学问简而言之就是"圣学"。在以性理学为治国理念的朝鲜王朝，《大学衍义》《圣学辑要》《大学类义》等带有性理学理念的书籍被选作帝王学的教材。这些教材与其说强调的是治理国家，不如说是心灵的陶冶。圣学就是成为圣人的学说，即理性之说。王意图用性理学来制约君权，因此明君们希望提高自己的圣学造诣，能够在作为君王统治国家的同时也能作为君师教化臣下。

朝鲜时代的王宫中，每一处宫殿的殿名都与圣学有关。王的寝殿康宁殿、正殿勤政殿以及便殿思政殿的殿名都是《大学》中"修身、齐家、治国、平天下"理念在空间上的反映。具体说来就是王在康宁殿中就寝或起床之时都能心安气和，为修身蓄积气力。在此基础上，王可以去勤政殿勤于政务。王即使在思政殿休息之时也不能忘记思虑朝政。

　　作为文人翘楚的王与士大夫同样兼备学识和文才。朝鲜时代的文才不仅指个人情感的宣泄，也是处理政务时必备的一种能力，因此在科举考试中文才占了很大比重。特别是朝鲜王朝为了与中国建立良好的外交关系，需要很多文才优秀之士。而为了在国内外彰显礼仪之邦的风范也需要华美的诗文。但这些吟风弄月之事在极其推崇性理学的人看来是应该被批判的。不过考虑到文才在处理政务中的实用性，王为了振兴诗学总是率先作诗，以为表率。

　　王与大臣们一起举行宴会，觥筹间吟诗作对，并不仅仅是为了娱乐，而是君主与臣下、百姓联系和沟通的一种统治艺术。除此之外，为了王与文武百官的和谐融洽而举行的官方宴会"会礼宴"，以及为了向百姓推广尽孝行为而面向官僚和百姓举行的"养老宴"也是出于同样的目的。王通过礼制维持着森严的等级制度，同时又精心用礼乐将各个阶层沟通起来。

　　一般来说，新王的即位与先王的葬礼首尾相连。世子登基之后首先要举行的就是先王的葬礼。设立国葬都监，守丧五个月。在此期间选择风水宝地修建王陵，然后进行安葬，并将王的神主供奉于宗庙。经历四代王之后重新将灵位移置永宁殿供奉。这是朝鲜时代最重要王室礼仪，因此要严谨而隆重地举行。

整个过程也会被详细地记录在《国葬都监仪轨》《山陵都监仪轨》《宗朝仪轨》等资料中以备查询。

最开始奎章阁是为保存君王诗文而设立的图书馆。此后又收藏了数量众多的再现朝鲜王朝国君人生的文献资料。在奎章阁引以为豪的王室相关资料基础上,奎章阁韩国学研究院于2008年上半年举办了大众讲座。"朝鲜国君的一生"便从此而来,本书正是在大众讲座原稿的基础上修改补充而成的。

2009年8月

李锺默　代表所有作者

目录

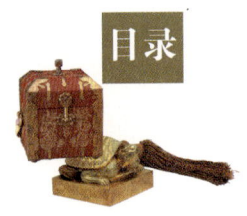

奎章阁素养丛书发刊词 _4

前言｜位及至尊、文占鳌头的朝鲜国君 _6

王如何接受教育 _001
　　——从胎教到"通略粗不"

王的另一半，王妃的诞生 _029
　　——朝鲜时代王室婚礼一窥

王如何处理日常事务 _063
　　——执掌立法·司法·行政之权

王作诗的寓意 _089
　　——君主的文艺活动与政治

王的统治之学，帝王学 _107
　　——从贞观政要到圣学辑要

王的居所，王宫 _121
　　——用建筑构建的性理学修养之所

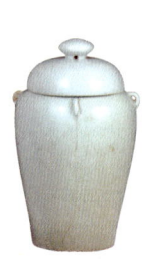

"来生不再踏入宫门" _141
————宫中女性们的生活

如何满足王的挑剔口味 _163
————朝鲜王室的健康养生法,食治

从远处感受王,王室出巡 _183
————朝鲜后期百姓所见的王室,王室的重生

王礼节性饮酒之日 _203
————宫廷宴会的种类和变迁

重大政治性事件,国君宾天 _223
————王的葬礼和陵墓

王宾天后进入宗庙 _243
————朝鲜王室的祠堂,宗庙

作者简介 _266

译者后记 _268

王如何接受教育

从胎教到"通略粗不"

金文植・檀国大学社会学系　教授

制衡王权的两种方法

在朝鲜时代,国君与国家命运息息相关。虽然当今的韩国实行的是权力集中于总统的总统制,但在朝鲜时代,国君所行使的权力要远远大于现在的总统。韩国政府机构是立法、司法、行政三权鼎立,总统作为行政首脑从事日常事务。而朝鲜国君则三方统筹,执掌最高权力。此外,韩国总统的任期只有五年,而朝鲜国君一旦获得王位,在没有重大失误的情况下会终身把持朝纲。

封建国家的国君都具有至高无上的权力,如果没有贤明的国君来执政,国家命运就极有可能处于危险的境地。《朝鲜王朝实录》中提到将来要继承王位的王世子时,曾有这样的记载:"而于国君世子,尤致谨焉者,诚以上承一祖宗之宠绪;下系神人之休戚,国之所以废兴、存亡,恒在于是。"

正因为如此，朝鲜时代的文人们为了制衡王权并将王培养成优秀的人才而不遗余力。这种制衡一般有两种方法：一个是起居注，另一个就是教育。首先说说起居注。起居注就是对王的所有言行事无巨细地进行记录，以便后世对其进行中肯评价的一种言行录。从现在众所周知的《朝鲜王朝实录》《日省录》《承政院日记》等国家记录中不难看出，王的日常生活的各个层面都被一五一十地详细记录了下来，后世完全可以据此还原出那个时代的原貌。即使这些记录在当时无法与王越礼行事的权力相抗衡，但它们也会在后世成为评价国君的重要依据。特别是实录，由于继任国君无法看到先王的实录，因此负责记录的史官们便有了人身安全的保障，可以在王驾崩之后对其功过

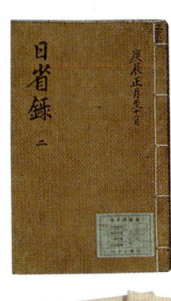
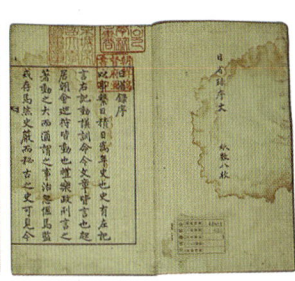
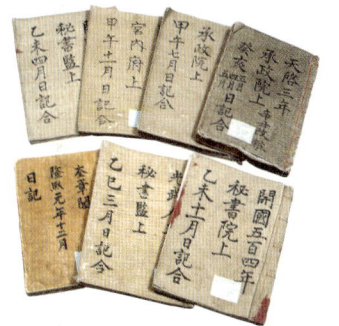
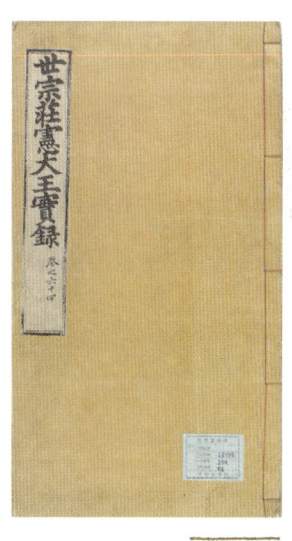

王驾崩后对其功绩进行评价的《朝鲜王朝实录》和《日省录》《承政院日记》。

进行客观的评价。正常的情况下，王都会对这种时时刻刻记录自己言行的实录有所忌惮，从而谨慎行事的。

现在来说一下教育。教育就是王尊大臣为师，一生都受其教导的制衡方式。比如大臣对现实中的政治问题提出见解等。从以王子的身份出世到被册封为王世子到登上王位，能够成为朝鲜国君的人必须接受辅养厅[1]教育、讲学厅教育以及书筵[2]教育，登上王位之后还要延续进行经筵[3]教育。在儒学思想中，所有的君主都应该是圣人，但在现实生活中这种想法并不现实，王必须要以博学广闻的大臣为师才能获得圣人之道。因此，王对经筵如有一丝懈怠，批判的奏折就会接踵而来。除了直接废除经筵的燕山君之外，一般来说，国君都会接受臣下的恳切陈情的。

那么，朝鲜王室的教育具有什么样的特征呢？

怀上王子

王在寝殿召幸王妃称为"合宫"。意为两座宫殿合二为一。王妃居住的寝殿屋顶上没有屋脊，因为龙是王的象征，在龙（王）诞下延续龙脉的龙子（王子）的神圣场所，有龙（屋脊）压着是万万不可的。

---

1 辅养厅是朝鲜时代辅佐并教导王室子孙的机关。原书出版时仅有少量注释，为了方便国内读者阅读，译者对必要的地方进行了补充说明，因此没有特殊标明的情况下，本书的脚注都为译者注。
2 书筵是高丽时代和朝鲜时代向王世子讲解文章的地方。
3 朝鲜时代，为了提高君王的学识修养负责向其教授儒家经书和历史的机关。

看不到屋脊的景福宫交泰殿（上）。

在宫中，王和王妃的寝殿是分开的，景福宫的康宁殿和交泰殿，昌德宫的熙政殿和大造殿都是如此。德寿宫里的咸宁殿虽然是作为共同的寝殿使用，但王与王妃的卧室却是分开的，以恪守夫妇有别之则。因此，王若要和王妃合宫，就必须移驾至王妃的寝殿。

王妃寝殿的名称都寓意深刻。景福宫的"交泰殿"来自于《周易》的泰卦，泰卦正如图1所示，坤卦下面是乾卦，是乾坤重合之象。这表示天的阳气上升、地的阴气下降，天地交泰，即天和地相交，具有祈求继任国君的嫡长子出世的寓意。另外，昌德宫大造殿的"大造"就是"创造大人物"的含义，具有祈求继承王位之人诞生的寓意。

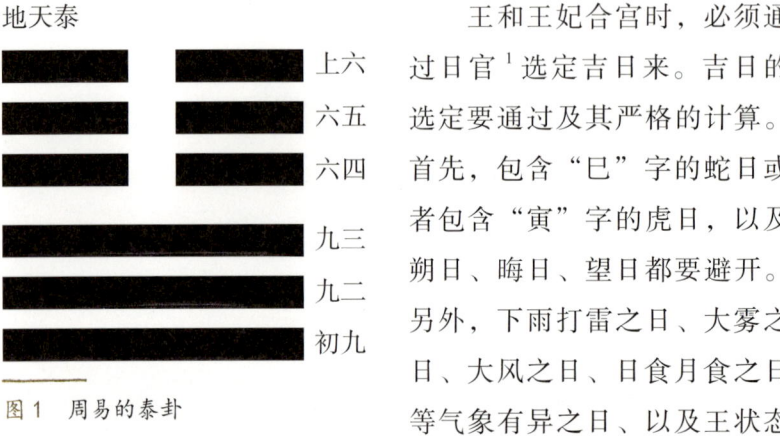

图1 周易的泰卦

王和王妃合宫时,必须通过日官[1]选定吉日来。吉日的选定要通过及其严格的计算。首先,包含"巳"字的蛇日或者包含"寅"字的虎日,以及朔日、晦日、望日都要避开。另外,下雨打雷之日、大雾之日、大风之日、日食月食之日等气象有异之日、以及王状态不佳之日都要排除在外。由于以上这些苛刻的条件,王和王妃每个月能够见面的吉日也就一两天而已。

诵读玉版上的圣贤语录——胎教

王和王妃克服种种限制,最终合宫之后,王妃一旦怀上龙种,就要开始为胎儿着手准备胎教了。李珥[2]所著《圣学辑要》的《教子篇》中有关于胎教的记述:

> 古者,妇人妊子,寝不侧,坐不边,立不跛,不食邪味。目不视邪色,耳不听淫声,夜则令瞽诵诗,道正事。

---

1 负责天文观测和占星的官员。
2 李珥,朝鲜时代学者、政治家(1536～1584)。字叔献,号栗谷、石潭、愚斋,谥号文成。

上面这段论述虽然是针对士大夫的夫人们的，但实际上当时不论王室还是民间都对胎教非常重视。可以说胎教是婴儿出生之前接受的最早的教育。胎教重视胎儿的成长环境，因此作为产妇的王妃每天早起之后，要看着记载圣贤教诲的玉版并诵读上面的文字。使用"玉版"是因为玉本身有益于身体健康，玉的颜色也可以镇定情绪。而诵读并背诵圣贤语录的原因则在于人们相信声音能够对胎儿产生良好的影响。除此之外，产妇还要经常抚摸和注视色泽光鲜的红水晶或紫水晶做成的戒指、手镯以及项链等饰品，在安静清洁的地方居住，欣赏宫廷乐师演奏的胎教音乐。根据胎儿的成长，产妇的饮食也要进行相应的调节，多摄取富含钙质的食物以及有益于胎儿大脑发育的食物。分娩临近时，产妇要制作给婴儿穿的衣服，有时还要加上刺绣，这样做的目的是让产妇集中精力，并培养对即将出世的婴儿的感情。

王妃生子事宜由被称为"产室厅"的机关负责。该机关在王妃生子的前一个月到前三个月时由宫中设立。从产室厅成立之时开始，至王妃分娩结束，全国范围内所有的刑罚都会被中止。这是因为人们认为迎接新生命诞生的同时不能夺走其他的生命。当期盼已久的王子降生之后，国王会敲响产妇住处挂着的铜钟来宣告婴儿的诞生。

随后，宫中要举行向宗庙告知王子诞生的"告由祭"，官员们要举行向王祝贺王子诞生的仪式。而王要向辛苦照顾产妇的产室厅的官员们赐马或米和布，赦免全国除重犯之外的犯人，举行名为庆科的科举考试。这些都是王室为了与民同庆所进行的一系列活动。

(保存胎盘的)太祖的胎外缸(左图)和世宗的胎内缸,韩国国立故宫博物馆收藏。

选择忠顺之人为师

王室教育的第一个特征就是重视环境。前文所介绍的胎教就是一种重视环境的教育。而王室在王子乳母的选拔上则更为严格。因为乳母扮演着非常特殊的角色,是王子年幼之时对其具有最直接影响力的人。王子的乳母是从民间选拔出来的为人朴实、品行端正之人。如果乳母的出身是"贱民"[1],国家会对其实行"免贱"政策,准许其升为"良人"[2]。此后,如果经乳母哺育过的孩子继承了王位,乳母就会被加封为"奉保夫人",

---

[1] 贱民是朝鲜时代从事贱役的社会最低阶层。
[2] 良人是朝鲜时代介于两班(文班和武班)贵族与贱民之间的阶层。

从一品的官职，级别比六曹[1]的判书[2]还要高。这就是王与从小就守护在自己身边的乳母之间的特别关系。王在沐浴的时候正是由乳母在旁服侍。如果王妃遭遇难产，王派乳母过去的指令就能充分表明王对王妃是特别重视的。

1809年（纯祖九年）孝明世子出生之时，李时秀[3]曾提到了乳母的重要性：

> 而古语云："乳母必求宽柔慈惠、温良、恭敬、慎而寡言者，使为子师。"此是成德君子之事，如此女子，虽未易得，而其随事养正，靡不用极之意，可见矣。乳媪，必择状貌端正，性行良顺者为之。而自今伊始，凡昵近於元子宫之人，慎择端良，以为习熟渐涵之道，是臣区区之望。

王子身边还有内侍，也叫做"宦官"。他们虽然不处于高级职位，但他们对王子的饮食习惯和生活态度有直接影响，因此都要通过精心选拔。可以说王子童年时期养成的习惯在很大程度上会受到内侍的影响。

王子的老师和陪童也要经过认真选拔。老师必须是德才兼备的官员，因为他们不仅要教授学问，还要教授言行举止、思

---

1 六曹是高丽末期和朝鲜时代分担国家政务的六个部门之一，这六个部门分别是吏曹、户曹、礼曹、兵曹、刑曹、工曹。
2 判书是朝鲜时代六曹的最高官职，为正二品。
3 李时秀（1745～1821），字稚可，号及健，谥号忠正。纯祖初期曾任领议政（议政府最高官职）。出身朝鲜最大的名门延安李氏，是世祖名臣延城府院君李石亨的后代。

书筵宫赐宴图（1帖）彩色手绘本，41×26.5cm，1828年，奎章阁韩国学研究院收藏。

此图描绘了1535年，仁宗的世子册封仪式中，书筵官等与王世子亲近的三十九位官员被邀请参加酒宴的场景。地点在景福宫，当时正在进行舞蹈表演，得到仁宗赐酒的大臣跪在中间，醉酒的大臣被搀扶着退场，连宫墙外面的山也被描画的极富韵致。

想胸襟。此外，如果年幼的王子觉得一个人学习很吃力的话，就可以为其安排同龄的陪童伴读。陪童从宗亲或大臣的子弟中选拔天资聪颖的孩子。陪童需与王子禀性相合，能一起玩耍和学习，因此一定要选拔可做王子榜样的孩子。

英祖，侍汤十年

王室教育的第二个特征是重视品德教育。正如前文所言，王子身边安排的都是品行端正之人，王子通过他们的言传身教可以养成良好的品德。王子最早要学习的书籍是《小学》，《小学》是针对初学者学习五伦礼节的基础教材。

其内容包括，学生在老师面前要着装整齐、正襟危坐；早上起床之后要向父母请安；晚上要为父母整理床褥等。

此外还包括在父母用膳时的试膳，即确认食物的味道是否可口、汤是否保持温度等。以及父母身体有恙时的侍汤，即尽心熬制汤药，并亲自品尝之后再向父母奉上。朝鲜王室的所有王子都

思悼世子周岁时英祖所赐《小学》，奎章阁韩国学研究院收藏。此后，思悼世子又将该书赐给了周岁的正祖。

谙熟《小学》并付诸了行动。即使在成为国君之后,也会在每天早上起床之后首先向王室的长辈们请安,并把照顾长辈们就寝作为一天日程的结束。在试膳和侍汤上,英祖可谓尽心尽力。英祖的父王肃宗和兄长景宗接连生病,英祖为了照顾他们,据说侍汤长达十多年之久。

王世子册礼稽屏图
154.2×55.6cm，绢本彩绘，首尔历史博物馆收藏。正祖二十四年为纪念册封王世子命画师所绘叙事图。此图仿瑶池宴图描绘了为王世子的健康长寿祈福的场景。

　　国君的品德与百姓的生活直接相关。国君是国家的最高管理者，不仅要用广阔的胸襟去倾听批判自己的言论，还要用温暖的胸怀去尊敬年长的大臣、救百姓于水火之中。对于从小过惯了安乐生活的国君们来说，要想具有如此的雅量和心地，品德就变得举足轻重了。

跪坐在地上学习礼制

在王室教育中，礼制是必不可少的。古代的朝鲜不是今日的韩国这样的法制国家，而是一个以礼制为中心的国家。国家制度制定下来之后，国家的运行要遵守称为"国家典礼"的各种礼制，国家典礼的实行可以表明国家政治已步入正轨。国家典礼一般由"五礼"构成。即表示国家祭祀的吉礼、表示国葬的凶礼、表示军队相关事宜的军礼、表示国家喜庆活动的嘉礼，以及迎接外国使臣的宾礼。王作为最高权力执行者要主管所有重要的国家典礼。礼制的种类很多，程序也相当繁琐。

朝鲜的王世子就是未来的王，因为将来要主管国家典礼，所以必须事先学习各种礼制。因此在有王参与的国家典礼中，王世子也会随行，并在现场观摩学习。如果有中国的使臣觐见，王世子则会作为主人全程招待，以尽宾主之谊。王世子参加国家典礼时，世子侍讲院[1]的官员们也会随行，为的是教导王世子掌握复杂的仪式流程并掌握圆满处理事务的能力。

除了观摩王主持的国家典礼之外，王世子还可以直接参与各种人生礼仪。王子在宫中成长的过程中，会举行很多人生礼仪。最具代表性的就是王世子第一次拜见老师时举行的相见礼、授课开始时举行的开讲礼、相当于我们今天成人礼的冠礼、册封王世子的册封礼、到成均馆[2]向师傅请教并受教的入学礼、迎

1　世子侍讲院是朝鲜太祖时期设立的机关之一，负责对王世子讲解经史道义。
2　高丽末期、朝鲜时期儒学最高的教育机关。

出宫图：
《王世子入学图帖》（绢本彩绘，34.1×46.5cm，韩国高丽大学博物馆收藏）记录了朝鲜纯祖十七年（1817年）三月十一日举行的纯祖长子孝明世子（翼宗）的成均馆入学礼。孝明世子出宫的《出宫图》、向四位圣人神位敬酒的《爵献图》、向老师请教的《往复图》、向老师敬献礼物的《受币图》、接受教育的《入学图》，以及最后入学仪式结束后王世子回宫，接受文武官员和宗亲贺礼的《王世子受贺图》，这些图按照入学礼的六个程序，依次展现了隆重庄严的礼仪流程。

《爵献图》（上图），向成均馆大成殿里供奉的四位圣人的神位敬酒。
《往复图》（下图），在明伦堂门外向老师请教。

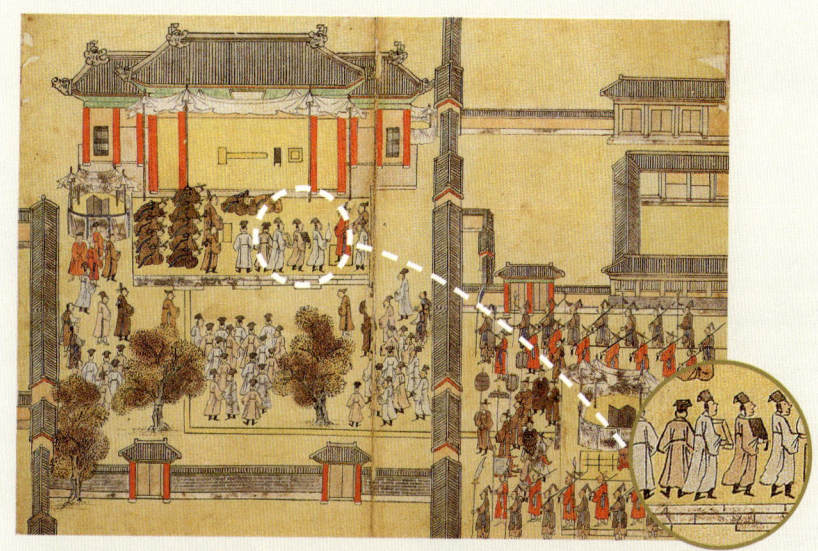

《受币图》（上图），向老师敬献礼物。
《入学图》（下图），接受教育。

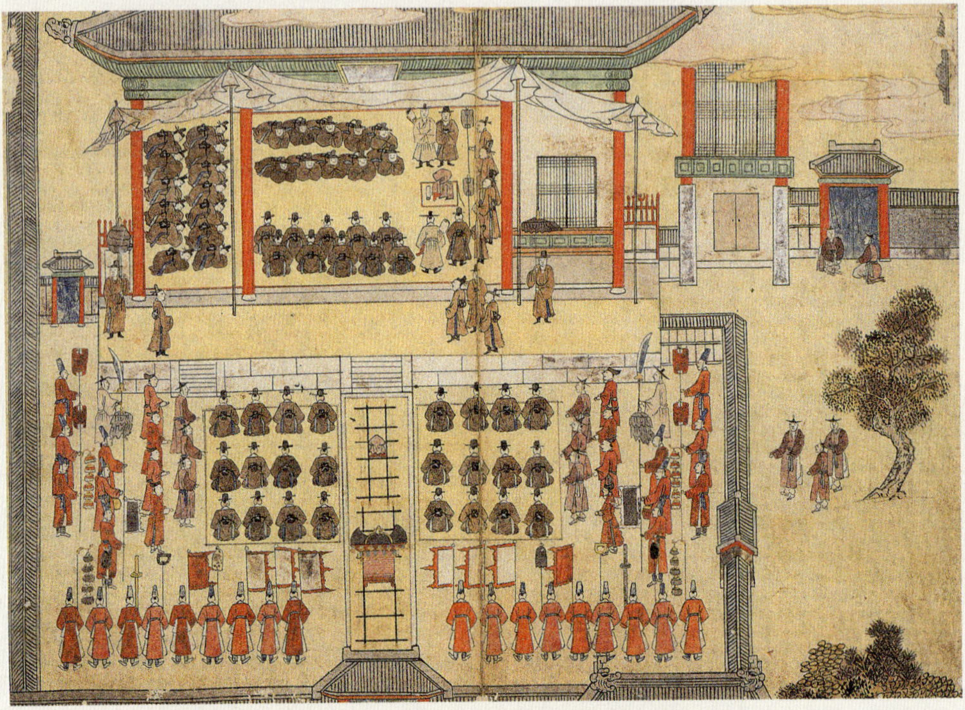

《王世子受贺图》，描绘了入学仪式结束后，王世子在昌德宫时敏堂接受二品以上文武官员和宗亲的贺礼的场景。时敏堂与重熙堂、储成殿、乐善堂（乐善斋）等都是朝鲜时代王世子曾居住过的昌德宫东宫之一。右图为乐善斋的窗雕花纹。

娶世子妃的嘉礼等。

人生仪礼是由复杂的程序组成的，拿王世子的入学礼来说就有以下六个程序：

- 出宫：王世子出宫（昌德宫）前往成均馆
- 爵献：王世子向成均馆大成殿里供奉的孔子和四位圣人（颜子、曾子、子思、孟子）的神位敬酒
- 往复：王世子站在明伦堂门外向老师（博士）请教三次
- 受币：王世子向老师敬献礼物
- 入学：王世子在明伦堂接受老师的教育
- 受贺：入学仪式结束后王世子回宫，接受文武官员和宗亲贺礼

王世子向老师请教之时敬奉的礼物被称作"束脩"。代表弟子遵从礼节向老师敬奉的微薄之礼。1817年三月十七日，纯祖的儿子孝明世子移驾成均馆举行入学礼时，向老师敬奉的礼物是两斗酒和三匹夏布。而在现代社会，学生家长向教师送厚礼会成为一种社会问题。如果送像束脩这样礼轻情意重的礼物怎么样呢？

在成均馆举行入学礼的过程中，王世子要和其他儒生一样着儒生装束，未经老师许可不能进入明伦堂，而且要站在比老师地位低的西侧台阶上，等老师先进去之后再跟着进去。此外，上课的时候，老师的书放在书桌上，而王世子的书则要放在地上，跪坐着看。这是因为人们相信将来要继承王位的王世子只有通过这

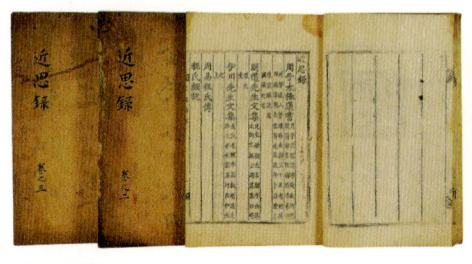
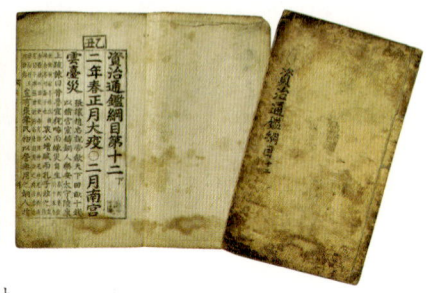

《近思录》《资治通鉴纲目》等王室教育教材。

种对老师毕恭毕敬的训练,才能在将来成为德才兼备的国君。

评价成绩"通、略、粗、不"

  一般来说,教育指的是知识的传授,但在王室教育中,品德却比知识更为受重视。这是一种通过品德教育来磨练人的身体和意志,从而启发学习兴趣的教育方式。正如朱熹提到读书方法时曾说过"先修己正心然后读书"一样。

  王室教育的内容可以分为经典教育和历史教育。以四书(《论语》《孟子》《中庸》《大学》)和三经(《诗经》《书经》《周易》)为主的经典教育重视的是品德修养,而对中国和韩国的史书进行的学习则是为了具备历史知识并开阔眼界。

  王室教育的教材有很多。针对初学者的教材有《小学》《童蒙先习》《三纲行实》等,这些教材都是民间熟知的书籍。中国的史书有《资治通鉴纲目》《史略》《宋鉴》等,通过这些教

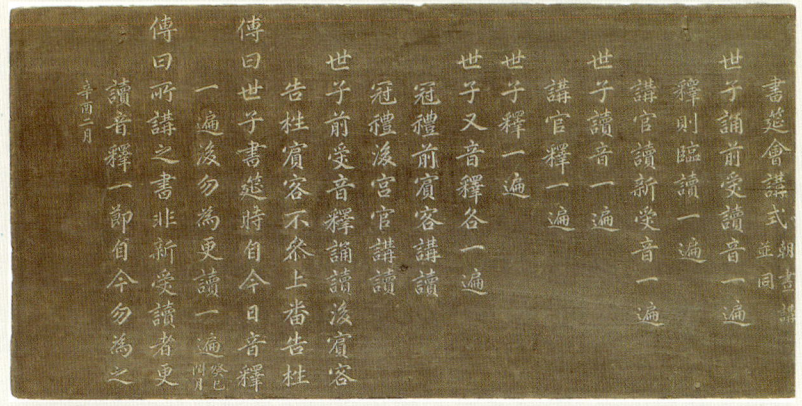

《会讲班次图》（1帖，上图），41.1×26.5cm，朝鲜后期，奎章阁韩国学研究院收藏。

此图描绘了每月初一、十五，师父以下的世子侍讲院官员们聚在一起谈史论经的会讲场景。放着书的空位子是世子的座位，对面是侍讲院的官员们。

记录书宴上的讲评方法的碑文（下图），木制，40.5×84.1cm，韩国国立故宫博物馆收藏。

考官评判成绩时使用的讲经牌,韩国高丽大学博物馆收藏。

材可以对中国周朝至元朝的历史有全面的了解。韩国的史书有《祖鉴》《自省编》《国朝宝鉴》《羹墙录》《谟训辑要》等,这些记录了朝鲜王朝从太祖到正祖的言行的史料是非常重要的教材。特别是《祖鉴》和《自省编》是英祖为了教育后代的王位继承人而亲自编撰的。

  朝鲜是以性理学[1]为立国之本的国家,因此与性理学相关的教材也很多。中国的书籍有《心经》《近思录》《大学或问》《易学启蒙》《大学衍义》,朝鲜学者编辑的书籍有《古镜重磨方抄》《圣学辑要》《朱子书节要》《朱书百选》。除此之外,在遣词造句方面的教材有将唐朝学者[2]陆贽向皇帝进谏的文章编辑而成的《陆奏约选》,以及精选唐宋八大家的一百篇文章编辑而成的《八子百选》。朝鲜王室为了让王和王世子接受良好的教育编撰了很多教材,这正表明王室对教育的重视。

---

1 性理学是中国南宋学者朱熹对儒学的集大成之说。从理气说和新性论的角度,强调格物致治的实践理念与人格学识的养成。韩国高丽末期传入,成为朝鲜的统治理念,经过学者吉再、郑道传、权近、金宗直再到李滉,朝鲜性理学形成了完整体系。
2 原文为"宋代学者",疑为笔误。

王室教育过程中也有类似于我们今天进行的期中考试和期末考试的功课评价测验。在每天都要进行的法讲中有听写小测验，在每个月举行两次的会讲中也会考察之前学习的内容。特别是会讲时，教授王世子的二十位老师都要出席，有时王也会旁听，因此是一种非常严肃庄重的学术活动。

进行考试的程序是先要"告栍"，即在圆筒中装入写着经典章句的竹签，让作为考生的王世子从中抽取一个。然后，王世子从自己抽到的竹签上的句子开始，将经典的原文背诵出来，并加以解释。最后监考老师中职位最高者举起表明成绩的讲经牌，代表考试结束。讲经牌就是刻着汉字的木牌，分别刻有"通"、"略"、"粗"、"不"四个字。如果成绩优秀的话就是"通"、稍有不足但还算通达就是"略"、

掌握得不好就是"粗"、不及格就是"不"。

作为朝鲜的国君，应该具备阅读大臣的奏章并对其进行处理的能力。而且，王在推行新政策时，必须引经据典来阐释自己的政治理念，并列举中国和朝鲜历史上的事例，为自己要推行的政策提供理论基础。英祖和正祖就曾致力于让自己成为君师，这是中国古代推崇的君主的理想境界，即成为学者君主。如此说来，王就应该掌握可以主导当时学术界的学识和能力。

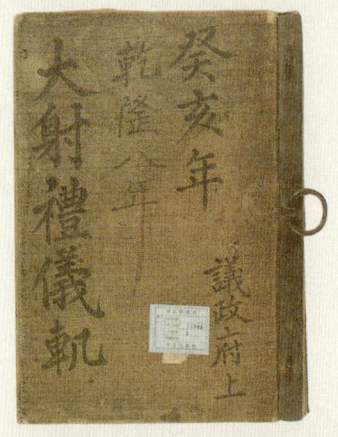

《大射礼仪轨》(礼曹篇,1册),
46×33cm,1743年(英祖十九年),
奎章阁韩国学研究院收藏。

《大射礼仪轨》中的《御射图》,是1743年闰四月,英祖在成均馆举行大射礼仪式的记录。大射礼是王和大臣们一起比试射箭技术,根据射中的次数进行赏罚的仪式。据《朝鲜王朝实录》的记载,大射礼于1477年(成宗八年)首次举行,此后的1543年、1743年、1764年也都有举行大射礼的记录。《仪轨》的正面画有《御射礼图》《侍射礼图》《侍射官赏罚图》等,随后详细记录了参加者名单、实行细则和礼节、经费、弓箭、靶子等与仪式相关的内容。

"射艺即我家法"

王室教育中还包括体育和艺术教育。首先说一下体育教育。为了保持身体健康,王子们小时候要学习体操,长大之后要掌握骑射本领。这是因为朝鲜王室有通过举行大射礼或燕射礼让君王和大臣一起进行射箭比赛的传统。另外,出行路途比较远的时候也需要骑马,因此射箭和骑马是君王的基本技能。

正祖有一段与射艺有关的趣闻。正祖具有射箭的天赋,箭射得非常出色,有时会连发连中。1795年,正祖在华城行宫为母亲惠庆宫洪氏举办花甲寿筵。在庆祝活动接近尾声时,正祖和大臣们一起进行了射箭比赛。根据记录正祖的成绩是最高的,比那些专门进行过训练的武将们射的还要好。大臣们都交口称赞,正祖却说"射艺即我家法"。这正是针对同样具有令人惊叹的射箭技术的太祖、太宗、世祖而言的。

王在艺术领域也需要具备一定的素养。也就是说,所有的王都必须成为

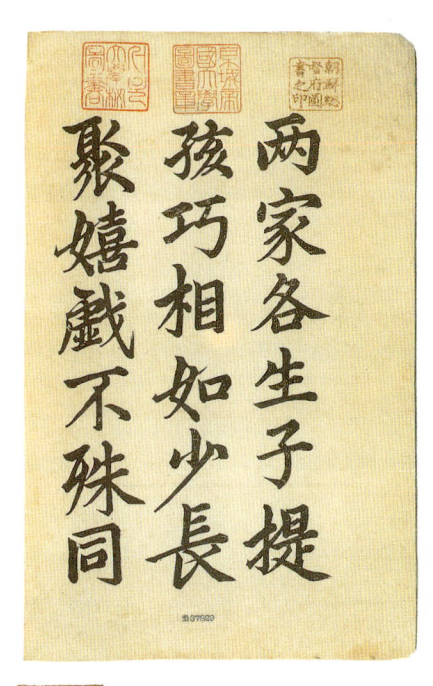

宣祖的书法,奎章阁韩国学研究院收藏。

诗人。这是因为国家每举行庆典之时，王都要与臣下一起作诗的原故。不仅是王，对于士大夫来说，作诗也是日常必备的能力。他们不管独处还是会友，都会写诗。在朝鲜士大夫的文集中，诗集占了很大的比重。

除此之外，王在书法、绘画、音乐等方面也要具备一定的素养。王的书法被称为御笔，从流传下来的御笔可以看出宣祖、孝宗、肃宗、英祖的书法都已经达到了艺术品的境界。绘画方面，朝鲜君王的作品也保存下来很多。音乐方面，世宗和正祖尤其造诣深厚，正祖还完成了音乐理论著作《乐通》。

朝鲜王室把文武兼备、学艺双馨当成了教育的最高目标，因此才如此重视体育和艺术。

民乐生生者

朝鲜王室重视品德教育胜过重视知识教育，而且一直致力于将学问和艺术结合起来。用今天的话来说就是先实行基础教育和素质教育，再在此基础上进行专门教育的教育方式。此外，与一般的"言传"相比，王室教育更强调老师在实践中直接展现出的"身教"。换句话说，一次亲自的示范明显比一百句死板说教更有效果。

王室呕心沥血培养优秀国君的回报，就是国君们贤明的治国作为。《世宗实录》中就有这样一段相关记载："四境按堵，民乐生生者，凡三十余年。"

正因为国君采用了贤明的统治手段,因此百姓才会发出"作其子民不胜荣幸"的感叹。笔者到目前为止还没有遇到过这样的统治者,也不能亲自去感受世宗时期的政治形势,真乃憾事!

王的另一半，
王妃的诞生

●

朝鲜时代王室婚礼一窥

申炳周·建国大学社会学系　教授

王妃备受瞩目的原因

著名政治家的夫人一般都会成为人们关注的对象。总统夫人以及国会议员的夫人们如何帮助丈夫在竞选中造势、如何成为贤内助等都是人们津津乐道的话题。这些夫人们不仅要打理各种事务,还要陪同作为政治家的丈夫一起出现在人们的视线中。她们的影响力实际上在总统选举中也占据一席之地。

追溯到更为重视家族观念的朝鲜时代,王妃作为一个国家的"国母",一举一动更是备受瞩目。可以想象,她们的重要性和影响力自然非同小可。不过,我们却常把目光狭隘地投向宫廷权力斗争中的王妃。近年来历史剧和历史小说中经常会有王妃的身影,但大部分都不是以国母形象示人,而只是剧情的调剂。

提到朝鲜王妃,人们会立刻想到谁呢?是曾与肃宗的继妃张禧嫔敌对的仁显王后,还是被日本浪人残忍杀害的明成王后,亦或是在儿子明宗当政时垂帘听政的中宗继妃文定王后?这些都是曾出现在历史剧中的女主人公。如果对历史感兴趣的话,人们可能还会想到与太宗(李芳远)敌对的太祖继妃神德王后,与太宗不分伯仲的女中豪杰元敬王后,被燕山君镇压的贞显王后吧。

历史剧中的王妃看上去雍容华贵,穿戴的服饰也展现出王室风范。王妃的头上戴着用各种装饰品点缀的加髢,让人感到一种无法僭越的威严。所以具有天马行空般想象力的人甚至会怀疑王妃们不用洗澡、不用解手,假想她们是生活在另一个世界的人。事实上果真如此吗?很多人觉得王妃具有神秘感,实际上只是因为人们对王妃几乎一无所知。这些女性们只是以视觉形象出现在影视剧中,而她们真实的生活情形却不为人所知。

王妃曾与王共同处在权力中心,但她们的生活并没受到人们更多的关注。在朝鲜时代,王妃们的光环被湮没在以男权为中心的封建家长制当中,活在当今的我们无法看清她们生活的原貌。甚至在作为朝鲜王室最高级别庆典的王妃婚礼中,王妃到底是何种形象,人们也是一无所知。本节将根据记录婚礼全程的《嘉礼都监仪轨》和记载亲历宫廷婚礼所见所闻的《闲中录》对朝鲜时代的王室婚礼一探究竟。

拣择[1]，谁会被选中？

不管是处于何种社会体制之下，在政治势力的扩大过程中，都会不可避免地出现拉帮结派的现象。王室的亲信们在政治权利的支配下时而联手时而对立。太祖建国之时，太宗（李芳远）的母亲神懿王后韩氏以及神德王后康氏，芳干、芳远的姻亲们都是朝鲜建国的参与者。当年政权羸弱的太祖正是通过联姻巩固了政权。家族联手的政治联姻屡见不鲜，特别是王室对于王妃、世子嫔、以及驸马门第的选择则更是具有明显的政治意图。

在王室的家族联姻中，王妃与王同样在子女婚事上具有实际的影响力。太祖的夫人神德王后康氏就是通过直接干预子女婚事的手段帮助王室在建国初期奠定了地位。当初为了在太祖李成桂势力薄弱的开京立足，神德王后与开京势力最大的名门望族李仁任进行了联姻，把李成桂的大女儿许配给李仁任的儿子。另外又为李成桂的儿子迎娶了高丽王族的女儿。神德王后与太祖的婚姻本身就是一场政治联姻，因此她深知家族联姻的重要性。

王一般是在做王世子时期成婚，王世子嫔的年纪也与王世子相仿，两人大约都是十五岁左右。在很多情况下，王世子嫔比王世子要年长，如英祖的正妃贞圣王后、高宗之妃明成王后等。但是，如果正妃去世，继妃的年纪就与王的年纪无关了，王室可以选择十五岁左右的少女。正因为宫中有这样的惯例，因此宣祖能在五十一岁时迎娶十九岁的仁穆王后，英祖在

---

1 王或其子女选择配偶的过程。

六十六岁时迎娶十五岁的王妃就不足为奇了。

拣择就是满足政治需要的一种手段。

王室的婚事要经过由三个步骤。国家在王室婚事之前会颁布禁婚令，要求八道中适龄少女的家庭呈上该少女的"处女单子"[1]。不列入名单的少女包括宗室之女、李氏之女、寡妇之女、妾室之女等。最终能进入名单参加拣择的待选少女也就二十五至三十名。这是因为拣择只是形式上的过场，实际上大部分都是内定好的。而且少女参加拣择耗资巨大，成为待选少女之后，要筹备服装和轿子等，这些都是一笔不小的开支。即使有幸被选中，其家族从政治方面考虑也会有很大的心理负担，因此人们都倾向于回避参加拣择。

那么，通过拣择被选中的王妃心情又如何呢？当然记录婚礼流程的仪轨是不会有描绘拣择情景和王妃心情的画面的。所幸惠庆宫洪氏所著的《闲中录》中提到了自己被选为思悼世子的世子嫔时的各种情景。通过这些材料至少可以间接了解当时王妃们的心情。

> 那一年，国家颁布要为王世子拣择上呈名单的命令之后，父亲（洪凤汉）说："我是世代接受国家俸禄之人，我女儿是宰相的孙女，怎么敢欺瞒圣上呢。"于是将我加入了名单。那时我家一贫如洗，无力承担置备新装的费用，

---

[1] 国家下达拣择令时，士族家如有适龄的少女，则写下名字呈交上去的单子，形式不固定，记载的是该家族的四代人物（曾祖、祖父、父亲、女儿）、最高官职、家族情况、少女年龄等。

做裙子的衣料还是姐姐原本要用在彩礼上的。穿上裙子时又在里面塞入了些旧布。车费是母亲借钱置办的，母亲当时的辛劳到现在还历历在目。在九月二十八日的初选中，英祖大王称赞了我这个卑微之人的才能，特别垂爱于我。贞圣王后（英祖的正妃，达城徐氏徐宗悌的女儿）认为我很实在，宣禧宫（英祖的妃子暎嫔李氏，思悼世子的生母）在我走进选秀地点之前满怀慈爱地来看我，两旁的宫女们都争相施礼，这让我的情绪和举止都变得很局促。王赐物于我时，宣禧宫与和平翁主[1]观察了我走路的仪态，又指导我如何举止守礼，我都是按照她们的指点去做的。结束之后我就在母亲的怀中睡了一个晚上。第二天早上，父亲走进来忧心忡忡地对母亲说："这孩子进入首望[2]了，这可怎么办啊？"母亲回答道："这贫寒书生的孩子要是不呈上单子就好了。"我在半睡半醒之间听到了父母为我担忧的话就醒了，心里有所动摇，于是在那里大哭。当时在宫中被很多人怜爱的场面在脑海中浮现出来，这让我又诧异又担心。虽然父母反过来安慰我，说"孩子知道什么啊"，但初选之后我还是非常伤心的，可能预料到将来入宫会经历许多

---

1 和平翁主（1727年～1748年），英祖庶女。
2 首望指朝鲜时代任用官员时，由吏曹、兵曹推举的三名候补者中的第一名。

变故，情不自禁地情绪低落吧。一方面觉得不可思议，另一方面又觉得世事无常。

随后，惠庆宫洪氏又提到了家中发生的变化。"拣择初选之后，突然有很多亲戚来家中拜访，很多失去联系的下人们也找过来了，由此可知人情冷暖啊。"这段记录告诉我们攀附权势的人情世故古今并无二致。而下面这段文字展现的是复选之前的情况。

十月二十八日，拣择复选之前，我自然感到很惊慌，而父母在送我进宫时也很担忧，盼望我能在复选中被淘汰。我入宫之后，英祖大王似乎已经做出了决定，接待的地点以及礼节都与上次不同，我张皇失措地走到了御前。与对待其他秀女不同，英祖大王亲自走进帘帐内，爱抚着我，神色喜悦地说：'我物色到一个优秀的儿媳了。这让我想起了你的祖父。我看到你父亲时还为得到了一位栋梁之臣而颇感欣慰，没想到你正是他的女儿。'贞圣王后和宣禧宫都欢喜不已，几位翁主也疼爱地拉住我了的手。随后宫里没有立即让我离开，而是把我安置在了景春殿。我遵照礼节穿戴齐全过去了。因为还要停留一段时间，所以连午饭也送过来了。宫女们为我脱去衣服，丈量尺寸。我很惊慌，强忍着眼泪，等坐进轿子后，哭着出了门。宫中的侍从们在轿旁候着，都很吃惊。

上述这些内容中,"我入宫之后,英祖大王似乎已经做出了决定,接待的地点以及礼节都与上次不同,我张皇失措地走到了御前"这段记述表明洪氏在选秀时已经意识到了自己在复选中被选中的事实。

不过,王室拣择的审查过程要经历初选、复选、终选这三个步骤,以确保能最大限度地体现公正性。像选择王妃这样重要的活动一定要通告全国,营造出举国上下一片喜庆的气氛,显示王妃拣择的范围之广,以此来展现国家意志。选择王妃时首先会派尚宫[1]去待选王妃的少女家中对待选者进行观察以做决定。但一般来说王妃人选都是内定的,因此王妃拣择的初选、复选、终选都会在很短的时间内结束。甚至还有像明成王后一样,经历初选后,复选和再选都省略了的情况。

英祖的拣择也历时很短,从六月二日的初选至六月九日的终选,只用了一个星期的时间就选定了王妃。在《英祖贞纯王后嘉礼都监仪轨》六月二日的记录中,记录了初选被选中的六名少女分别是幼学金汉耇、县监金鲁、幼学鱼锡畴、幼学尹得行、前注书金载禄、生员俞肯的女儿。这些少女经过第二次的审查即复审之后,金汉耇、金鲁、尹得行的女儿进入终选。

王室中如有婚事,国家则会颁布禁婚令。从《太宗实录》的记载中可以了解到禁婚令对于民间婚事也具有非常大的影响。太宗八年四月十六日的记录中,就有这样的记载:"置进献色采童女,禁中外婚嫁。以议政府赞成事南在、参知议政府

---

[1] 朝鲜时代归属内命妇宫官阶层的正五品女官。

事咸傅霖、汉城尹孟思诚为提调，分遣敬差官于各道，选处女。除公私贱隶外良家十三岁上、二十五岁以下，皆令选取。寻下旨，无奴婢两班及庶人之女，勿并刷出，既而又遣敬差内官于各道选拣。于是中外汹动，潜相婚嫁者甚众。"[1]王的待选少女在任何情况下都不能与别人成婚，虽然拣择过程中（初选、复选）被淘汰后可以出嫁，但在终选中被淘汰者则终身不得出嫁。在她们之中也有很多人入宫成为王的妃子。

拣择虽然是国婚重要的过程之一，但在记录正式婚姻程序的《国朝五礼仪》等记录中却没有被记载下来。这是什么缘故呢？这是因为拣择的习俗与重视媒妁婚姻的性理学思想背道而驰。因此，连像栗谷这样的大学者都因为选妃是由女方首先采取行动[2]而表示过反对。

> （拣择是）礼仪之邦，万万不可有此事。男先于女，礼也。虽以文王之尊，亲逆于渭。岂可使一国处女，先入阙自就取舍，如自炫自谍者乎？此天下古今所无事。王妃之择，当博问诗礼之家，幽闲之姿，使解事有见识秩高宫人，往其家，察行实试才艺，检其身干，观其应对，一有不合，复求他门可也。寤寐求淑女，正始配德之初，岂可先行非礼乎？（《燃藜室记述》别集十二卷政教典故）

---

[1] 此处所引内容并非原文所说的为朝鲜王拣择妃嫔，而是为明朝皇帝（即明成祖朱棣）拣择。

[2] 拣择过程中，女方需主动到宫中任人拣选，这一过程被认为是女方主动的行为，不合乎礼仪。

为了让少女们以同样的条件参加拣择，她们都被要求统一着装。初选时的服装是系着三回装[1]的黄色小袄和红色裙子。从复选到终选随着级别变高，衣服上的装饰品也相应有所增加。终选中被最终选定的少女，会被配置妃嫔的朝服，看上去俨然已具有王妃的威仪了。不过，在终选之前，年少王妃们的心中应该是充满了与父母离别的恐惧和焦虑的。惠庆宫洪氏的《闲中录》中曾写道："终选在十一月十四日，因为剩下的日子越来越少了，我心情郁闷，郁郁寡欢。晚上在母亲怀中睡下，两位姑母和二娘爱抚着我，为离别而伤心，而父母更是好几天都无法安睡。我到现在想到这些场景时还心如刀绞。"言语之间流露出要与娘家诀别的痛苦心情。

以美貌和品德入选拣择

　　拣择时，秀女的家世、容貌、举止等都是重要的评价标准，与我们今天的情况很相似。容貌和谈吐曾作为选秀标准的史实在实录中也有所记载，读起来趣味盎然。先来看一下世宗时期选择世子嫔之时王和大臣们的对话。世宗和黄喜、孟思诚、卞季良等人一起谈论世子嫔的拣择时：

　　　　"今为东宫择配，宜妙选处女，世系妇德，固皆为重，然姿或不美，则亦不可也。以予父母之心，欲亲择取，然无古礼，未得行之。欲令聚昌德宫，使内官与侍女、孝宁

1　女子上衣的领口、袖口以及袖根部分紫色或蓝色的补丁。

大君选之，若何？"喜、思诚、季良、商、淮等皆曰："可。"稠独以为："未可也。若令聚一处选拣，则是取之专以貌，不以德也。"上曰："暂见之余，何以便知其德？既未能取之以德，又不以容可乎？宜巡往处女之家，择其可者，更聚昌德宫选之。"金曰："可"。

上述记录中，明确地表明了容貌与家世、妇德一样是王妃待选者的重要标准。《英祖实录》中也有类似记录（《英祖实录》，英祖三十五年六月四日），"我朝拣择，未知自何代创出，而陋且不敬，只以容貌之妍媸，言语之闲都，取之"。对当时将容貌和谈吐作为王妃拣择的主要标准这一风尚进行了讽刺。

但是当时的王室在选择王妃时的审美观与我们今天的美女标准相差甚远。首先通过保存下来的照片看一看朝鲜后期王妃们的形象。用现代的眼光来看，她们算不上倾国倾城之貌。朝

拣择终选时入选的少女着此朝服，张显王妃威严，韩国国立故宫博物馆收藏。

王的另一半，王妃的诞生 ___039

从保存下来朝鲜末期王妃的照片可以看出，用现代眼光来看她们并不算美女，而是整体上看来形象健康端庄。从上左按照顺时针方向分别是纯贞孝王后尹氏、纯献贵妃严氏、英亲王妃、义亲王妃。

鲜后期的宫廷画师申润福的《美人图》中出现的脸庞倒是与照片中的王妃们有些神似：都是面生福相，下颚圆润、眼睛细长、眉毛整齐。朝鲜时代受到青睐的女性有一个共同点就是整体上看来形象健康而端庄。美人的标准在不同的时代各有千秋。比如在中国被称为绝世美人的杨贵妃实际上非常富态，以今天的审美标准来看也许并不算美。在各种文献材料中都可以看出，朝鲜时代的美人们整体上都是健康端庄的形象。不难想象，王妃待选者们也同样不会是八等身的苗条美女，而必须具备上述条件，才能获得王室垂青。

在别宫接受严酷的王妃教育

最终选定的王妃会被带到别宫。别宫制度是让王妃们在接受入宫前教育的同时，又能让王免去直接前往王妃娘家的不便而设定的一种制度性机制。要成为王妃的少女们首次学习王室规矩的地点就是别宫。终选中被选定的准王妃先居于此处，学习晋封王妃之后需要遵守的礼节。而此处也是筹备嘉礼仪式诸项事宜的地方。另外，在此处举行迎接王妃的亲迎仪式不但能张显王室的威严和权势，也能让王妃的娘家人在接驾时减轻招待的负担。

别宫是介于王宫和王妃娘家之间的所在。按照六礼的程序，娘家的规模比王宫小很多。在婚礼当天，王或王世子不能去王妃的娘家。要去别宫举行醮礼[1]。王妃或世子嫔从拣择终选结束

1　醮礼即传统婚礼。

到嘉礼举行之日都要居于别宫,为将来母仪天下积累素养。别宫又叫"夫人宫"。这是因为王妃在还未得到册封时,不能称为王妃或嫔宫,也不能称为姑娘,而在别宫停留的这段时间内,公开的称呼就是"夫人"。

通过拣择终选而选定的少女不能回家,要直接去别宫学习作为王妃应该具备的品德。终选本身就是接受王妃待遇的第一步。《闲中录》有如下记录:"(复选之后)从那天起,父母就改向我说敬语了,家中的长辈们也对我恭敬起来,我心里的不安和悲伤无法言表。父亲为我担忧,训诫我的话也很多,我好像犯了什么罪一样无所适从。要离开父母的身边,我感到很悲伤,幼小的心灵倍受煎熬,没有心思做任何事情。"这些记录道出了小新娘在家中地位的变化以及即将离家的不舍心情。嫁给同岁新郎的惠庆宫洪氏尚且如此,而嫁给六十六岁老新郎的贞纯王后又情何以堪呢?

准王妃接受教育的别宫在朝鲜后期更换了几次地点。流传下来的《嘉礼都监仪轨》中记录的别宫是太平馆、于义宫、云岘宫这三处。除了昭显世子的嘉礼上作为别宫的太平馆、高宗的嘉礼上作为别宫的大院君临时居住的云岘宫之外,朝鲜后期具有代表性的别宫是于义宫(现首尔市钟路区莲池洞天主教会馆附近)。

在别宫中,王妃由经验丰富的尚宫进行严格的指导。经过符合王妃身份的素质教育、礼节教育、涵养教育等系统化教育,别宫中的准王妃将由一个普通的民间女子成长为一国的王妃。王妃必须在短时间内掌握走路的姿势、动作、态度等宫中需要谨记的礼节并学习《小学》等儒学书籍。《闲中录》中就有惠庆宫洪氏接受英祖亲自所赐的《小学》而进行学习的记录:

入宫之后，在景春殿稍事休息后又去了通明殿，拜见了三位殿下（英祖、仁元王后、贞圣王后）……天色已晚，于是向三位殿下行四拜之礼打算回别宫。殿下亲自来到我上轿的地方，握着我的手说："好好儿安歇，我叫人把《小学》送去，跟父亲好好学，过一阵子再回来。"我承蒙殿下的垂爱，从宫中出来时，天已经黑了，于是叫人点燃了灯火。

宫中特别讲究礼数，这也体现在身体的痛苦上。比如，在婚礼上，对穿着朝服的王妃来说，假髻和首饰非常沉重。不仅如此，根据朝鲜末期最后的宫女们的叙述，纯宗的王妃尹妃就曾多次提到过别宫生活的严酷。综合各种情况来看，别宫的生活对王妃来说，在身体上和精神上都是对忍耐力的考验。可见通过拣择最终选拔出来的王妃在享受胜利喜悦之前，就会通过严酷的别宫生活提前领悟到王妃的未来并不是一片坦途，而是伴随着痛苦和忍耐的荆棘之路。

六十六岁英祖与十五岁贞纯王后的婚礼诸事

朝鲜王室的婚礼中最引人注目的是1759年六十六岁的英祖与十五岁贞纯王后的婚礼。当时的情景在《英祖贞纯王后嘉礼仪轨》以及长达五十页的《班次图》中都被生动形象地记录了下来。

仪轨是将朝鲜时代国家或王室举行的主要活动以文字或图画的形式记录下来的一种报告文书。"仪轨"二字是"仪式"和"轨范"的合称，表示"仪式示范文书"之意。在传统社会中，国家或王室如有重要的活动，按照惯例，要参考先王的事例来进行。因此，会将与此相关的记录整理成仪轨，以便后世在行事中能够最大限度地减少差误。在朝鲜时代，除了王的婚礼之外，世子册封、王室宴会、丧葬礼仪、宫殿修建等重要活动，都要对其进行记录，并在行事结束之后成立编辑仪轨的临时机构，将这些记录汇编成仪轨。换句话说，国家级别的活动要经过设立专门负责活动进程的机构、撰写活动报告、向王进行汇报等步骤之后，才算圆满完成。

朝鲜时代的王室婚礼都以"嘉礼都监仪轨"的题目被记录下来。"嘉礼"原来是指王室的喜庆活动，即王室婚礼或册封仪式等的礼法。体现嘉礼基本概念的《周礼》中也有"以嘉礼亲万民"的句子，这表明了嘉礼是万民参与的仪式，也就是举国上下都能一起进行的仪式。不过，从朝鲜后期所记录的《嘉礼都监仪轨》来看，"嘉礼"则成为了一个表达包括王或王世子婚礼在内的王室婚礼的词汇。在保存下来的朝鲜时期嘉礼都监仪轨中，王的嘉礼有九处、王世子的嘉礼有九处、王世孙的嘉礼有一处、（朝鲜帝国时期）皇太子的嘉礼有一处。从现存的嘉礼都监仪轨可以得知，在王室婚礼中，只有王和王世子的婚礼被称为嘉礼，而且汇编嘉礼都监仪轨的目的就是要将婚礼的意义和重要性广为告知。根据《朝鲜王朝实录》的记载，从朝鲜前期开始，国家为王室婚礼设立了"嘉礼都监"[1]，据此可以确认记录当时情况的《嘉礼都监仪轨》已被汇编而成，然而前期的仪轨都没有保存下来。在现存的嘉礼都监仪轨中，最初的记录是根据1627年（仁祖五年）十二月二十七日昭显世子迎娶姜硕期的女儿姜嫔的仪式整理而成的《昭显世子嘉礼都监仪轨》。最后的记录则是根据1906年纯宗和纯宗妃的婚礼整理而成

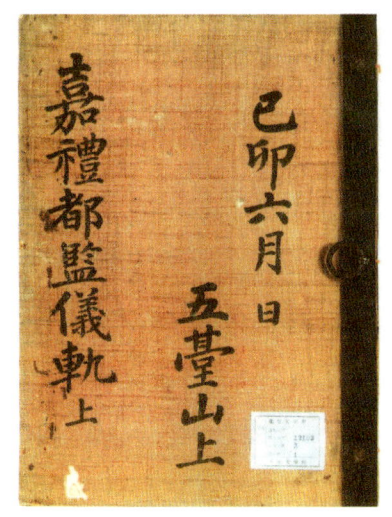

英祖嘉礼都监仪轨封面，奎章阁韩国学研究院收藏。

的《纯宗纯宗妃嘉礼都监仪轨》。算起来，二百八十年间共有二十次婚礼的记录被整理成了仪轨。

仪轨由不同的主题组成，其中记录王室婚礼的《嘉礼都监仪轨》从文字到图画都洋溢着热烈的庆典气氛。记录内容也栩栩如生、活灵活现。《嘉礼都监仪轨》的文字记录后面都会附上婚礼队伍班次图，如此惟妙惟肖地进行描述成为其一大特点。可以说，《嘉礼都监仪轨》是仪轨中最华丽的。此外，王与王世子的婚礼都是按照时期顺序整理而成的，因此通过仪轨不仅能看到朝鲜时代婚礼风俗的变迁，还能了解到彩礼及参加人员的变化。

1　朝鲜时代，负责君王大婚或即位，世子、世孙、太子、太孙成婚等仪式的临时机构。

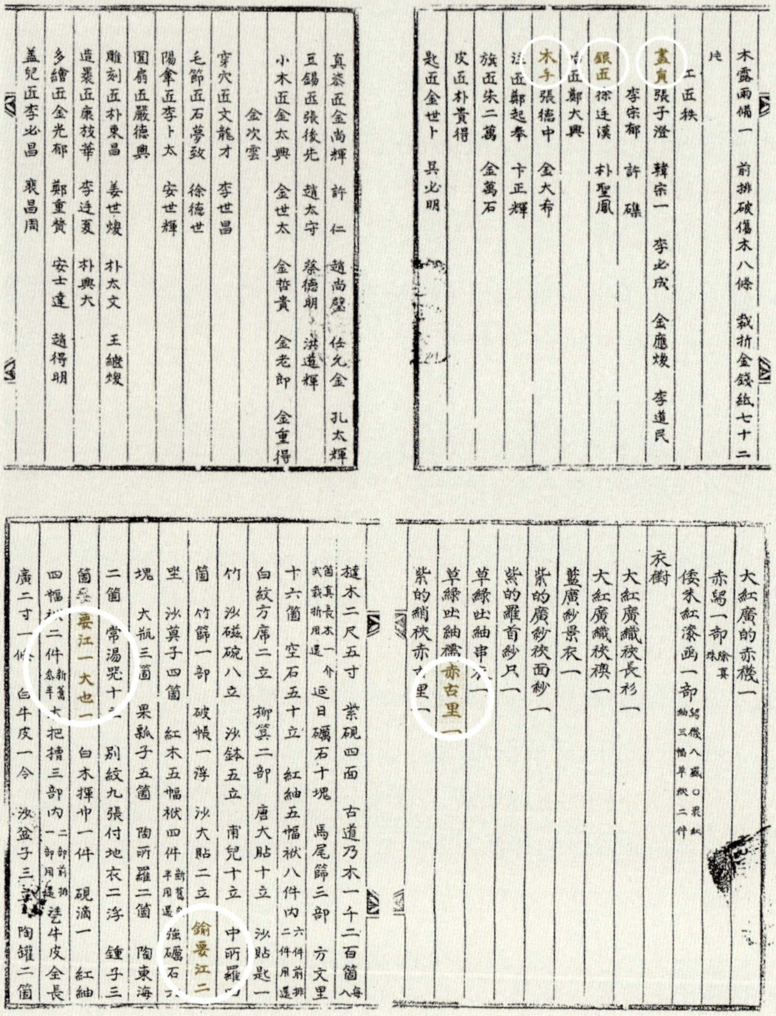

《英祖贞纯王后嘉礼都监仪轨》中记录的参加仪式的匠人名单（画员、银匠、木工），以及班次图中器皿图解部分（要江、大也、鍮要江、赤古里[1]等仪式中使用到的传统物品，用的是当时朝鲜发音的汉字标注）。

---

1 分别是夜壶、脸盆、黄铜夜壶、上衣。

1759年六月，昌庆宫举办了盛大的筵席。在位长达三十五年的英祖在王妃贞圣王后去世后，假意盛情难却，同意了臣下提出的迎娶年轻王后的提议。六月二十二日，是王移驾至王后接受教育的别宫于义宫的日子。朝廷的大臣们为了贤明的君王积极筹备了这场作为国家最高级别活动的婚礼，而百姓们也因为有幸可以参观婚礼而随之心情激动。

英祖于1704年与出身达城徐氏的进士徐宗悌的女儿举行了初婚的婚礼。英祖当时的身份是肃宗的第四位王子延礽君。与其共结连理的贞圣王后当时被封为达城君夫人。当时《肃宗实录》中对这次婚礼有"是婚也，侈靡踰度，烦费以万计"的记载，可以想象当时婚礼的奢华程度。英祖在与贞纯王后（1745～1805）的婚礼上，强调要禁止奢靡之风，可以看出在很大程度上受到了当初那次婚礼的影响。六十六岁英祖与王妃贞纯王后的婚礼被记录在《英祖嘉礼都监仪轨》中，生动地展现出当日的盛景。

《英祖贞纯王后嘉礼都监仪轨》的内容

该材料具体记录了拣择新娘以及六礼，即王室婚礼的六种礼法。拣择是在候补秀女中经过三选确定合适的人选。初选入围六名，复选入围三名，终选确定一名。终选的日子定在六月九日。

六礼指的是纳采、纳徵（也称作纳币）、告期、册妃、亲迎、同牢。纳采是王向拣择出来的王妃下达教命文以示婚约的仪式，定于六月十三日举行。纳徵（六月十七日）是赠送财物以示成

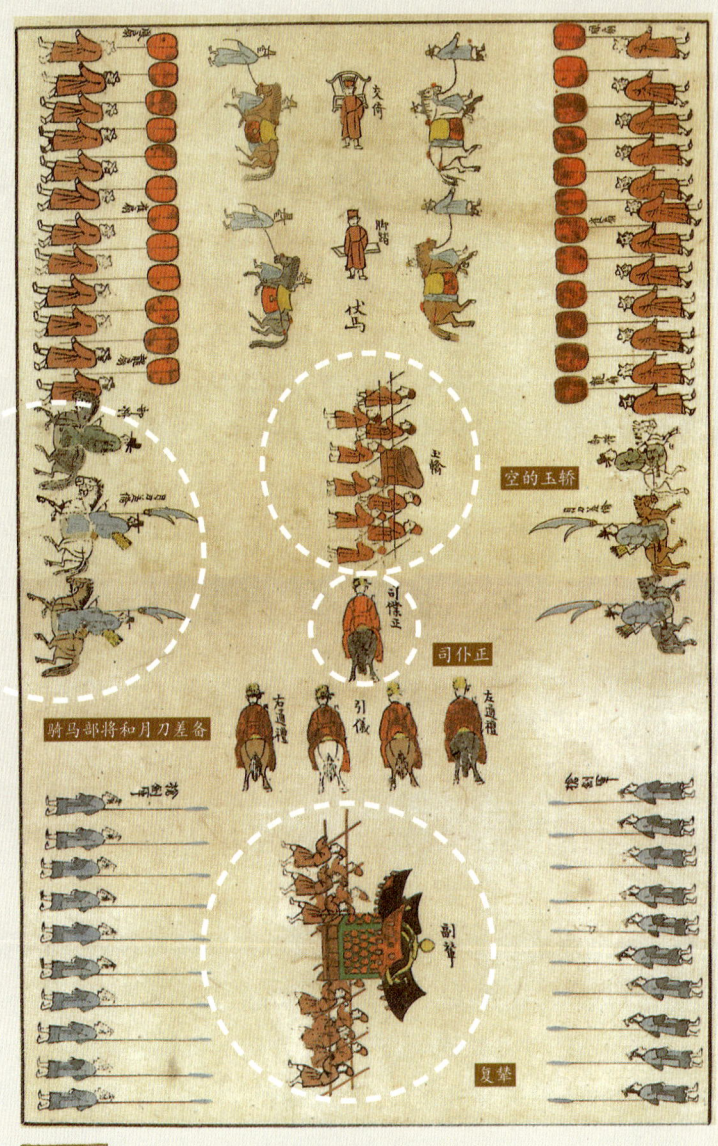

《英祖贞纯王后嘉礼都监仪轨》班次图中王的队伍。
空的玉轿：王乘坐的没有装饰的小坐轿。
骑马部将和月刀差备：骑马部将和拿着分叉偃月刀的月刀差备，三人一队，在两旁保护王的安危。
司仆正：宫中负责轿子、帷帐事务的正三品官员。
复辇：按惯例王乘坐的车辇前面安置的空轿子。

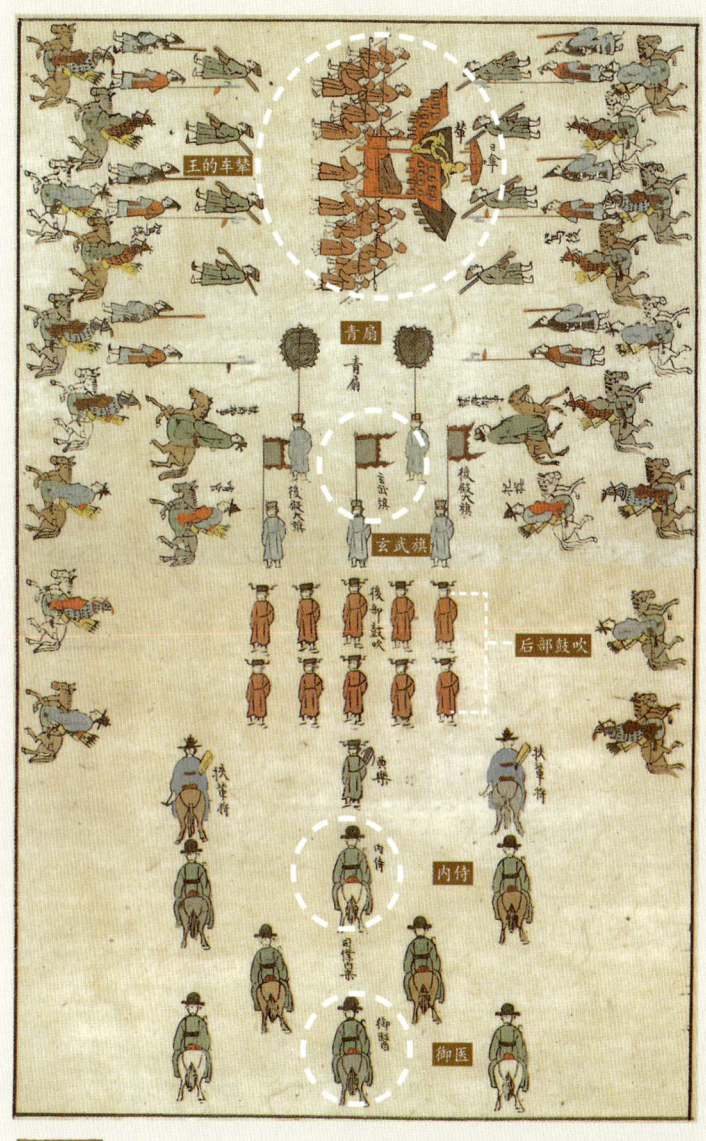

长长的队伍中终于出现的王的车辇。车辇四周敞开，内部一目了然。但是没有看到王的样子。王的车辇之后是举着青扇、玄武旗、仪仗旗的随从，再后面是后部鼓吹八人、典乐一人，队尾则是内侍和御医等。

婚的仪式，类似于今天男方给女方的订礼。六月十九日举行选择婚期的告期仪式。六月二十日举行册封王妃的册妃仪式。

六礼的高潮部分是王将一直在别宫学习宫廷礼仪的王妃亲自迎入宫中的亲迎仪式。六月二十二日进行的亲迎仪式在仪轨末尾整理为班次图（用图画表现的婚礼队伍格局），惟妙惟肖地展示出当时婚礼的情形。最后，完成亲迎的王将王妃带回宫中，举行交拜、合卺的同牢仪式。"同牢"的"牢"字具有坚固、专一、动物的圈、牢狱等含义，因此"同牢"具有合为一家之意。同牢宴相当于百姓婚礼中的醮礼。六礼完毕之后，要举行向王室长辈问候的朝见礼。一般在同牢宴的第二天，王后要置备果盘等礼品向大王大妃[1]、王大妃[2]施礼。

仪轨还记录了为六礼筹备各种服装、物品、仪仗旗、轿子等的匠人的名单，所需物品的具体内容如有需要还会附上图示。另外，绘制班次图的画师的名字也在记录之中。根据仪轨中的详细记录，可以完整还原出婚礼的现场情形。

班次图中的婚礼队伍

《嘉礼都监仪轨》是再现王室典礼最详细的仪轨。特别是班次图详细生动地刻画出了举行仪式时的人物与器皿。班次图是描绘仪式主要场面的图画，类似于今天婚礼上的照片或视频。

1　朝鲜时代，大王大妃用来尊称王的曾祖母。
2　朝鲜时代，王大妃用来尊称王的祖母。

不过，班次图不是婚礼当天完成的，而是在婚礼之前就将参加人员和需要物品提前描绘出来的，因此在举行婚礼时还具有避免出现差池的作用。这与当今社会举行国家活动或组织部队作战前，预先在纸上进行演习的性质是一样的。《英祖贞纯王后嘉礼都监仪轨》也是如此，亲迎的日期是六月二十二日，而根据记录，描绘亲迎场面的班次图已经于六月十四日绘制完毕并上呈于王了。

所有《嘉礼都监仪轨》的班次图中都有王迎接住在别宫的王妃的亲迎场面。因为亲迎是嘉礼的重中之重。"班次"的含义是

英祖和贞纯王后的婚礼日程

- **拣择**：从待选者中选出王后。一般经过三次拣择。初选：六至十名入围，复选：三名入围，终选：一名选定（终选：六月九日）
- **六礼程序**
  ① 纳采：纳采是王向拣择出来的王妃下达教命文以示婚约的仪式（六月十三日）
  ② 纳徵：赠送财物以示成婚的仪式（六月十七日）
  ③ 告期：选择婚期的仪式（六月十九日）
  ④ 册妃：册封王妃或世子嫔的仪式。王妃穿着婚礼礼服翟衣接受册封（六月二十日）
  ⑤ 亲迎：王亲自迎接住在别宫中的王妃的仪式（六月二十二日）
  ⑥ 同牢：王将王妃带回宫中，举行交拜、合卺的仪式（六月二十二日）

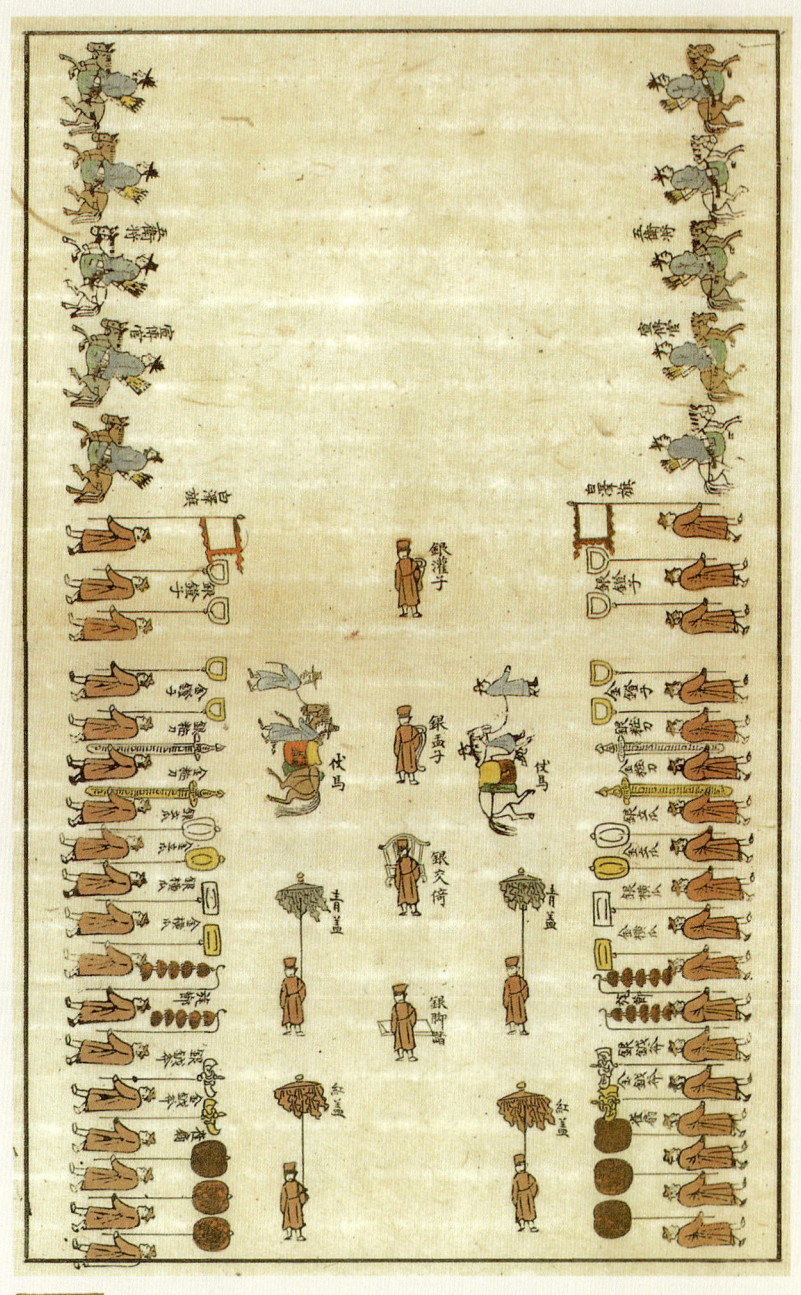

《英祖贞纯王后嘉礼都监仪轨》班次图中王妃的队列。此图是王妃仪仗队的队首,由背着箭筒骑着马的禁军带头,显示出王妃仪仗队伍的华美阵势。

捧着卷起来的褥席的随从一人,王与王妃以新郎新娘的身份交拜后,在进行合卺的同牢宴上需要褥席。抬着盖玉玺时需要的排案床的随从两人、隶属朝鲜时代五卫之一忠左卫的忠赞卫两人随行在后。

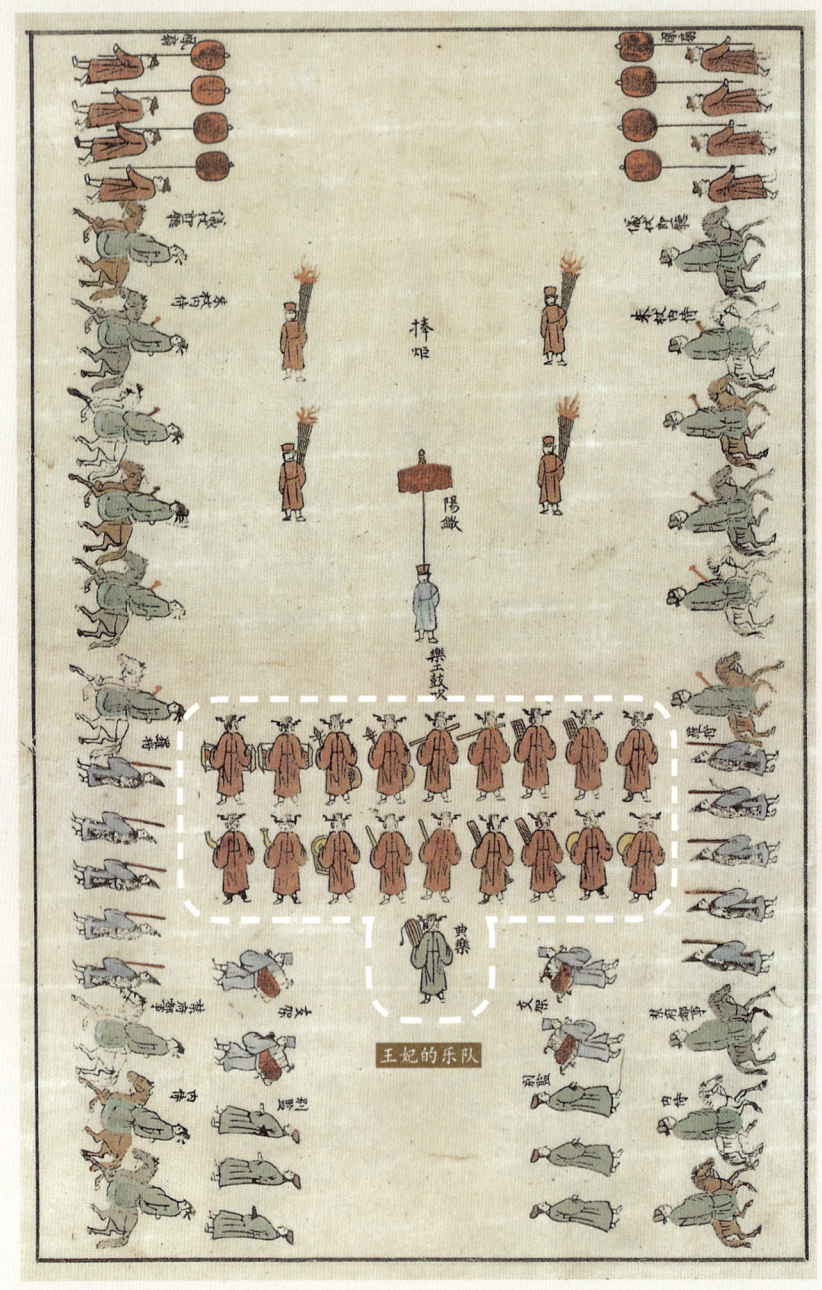

此图也是王妃的队列。朝鲜时代掌乐院负责音乐方面事务的正六品官员典乐将乐师在前面分成两行,演奏庆祝乐曲。

最后王妃的车辇出现。队列阵形虽然与其他的班次图大同小异，但人数更多，使令队伍在其中反复出现。最末是步行后射队分列两边，中间是后射队的旌旗、骑马的后射队长等，与王的队尾同样阵势华美。

"根据职责按顺序站列","班次图"就是仪式顺序的图画表现。而班次图也是为了预先用图画进行"纸上演习"而绘制的。

班次图的核心是主角为王和王妃的坐轿队列。王的坐轿是开放型的,可以让任何人瞻仰王的容貌。而王妃的坐轿则是封闭式的,严禁被人看到王妃尊容。王和王妃的坐轿前后是参与仪式的高官、护卫、尚宫、内侍、烘托气氛的乐队、维持威仪的牢军(宪兵)等身份不同的随从,他们按照职位和任务列队前行的情景被描绘了下来。特别是骑着马的尚宫以及宫中身份较低的针线婢等女性人物形象的出现让班次图趣味盎然。

班次图的队伍阵形中,有背影形象、俯视形象、侧身人物像等多种人物形象。这些多角度的形象刻画让呆板的对列图变得栩栩如生,表现出画师的实力。班次图中的人物根据不同的身份穿着不同的服装。这些色彩多样的服装,如带着盖头的女性服饰、骑兵和步兵的各种军装等对当时的服饰研究来说都是珍贵的历史材料。

《英祖贞纯王后嘉礼都监仪轨》班次图共有50页,每页都是45.8×33厘米,总长达到1650厘米。表现的是从宫中出发至别宫于义宫,再回到举行同牢宴的昌庆宫通明殿的列队情形。

亲迎队伍的服饰及亲迎主要环节

亲迎时,王要穿着冕服。冕服是象征神圣与权威的服饰,由冕旒冠、衮服、裳、中单、蔽膝、革带、佩玉、袜舄、圭等

蛟龙旗，朝鲜时代，明绸，294×235cm，韩国国立故宫博物馆收藏。这是象征王权的仪仗旗，也称作龙旗。主要用在王乘坐的坐轿旁边，表明王是整个队列的总指挥。正方形淡绿色背景上画着腾空而起的龙和从天而降的龙，以及彩云纹样。名为火炎脚的流苏表现的是火焰。

《园行乙卯整理仪轨班次图》中出现的纛和蛟龙旗。纛是用牛尾巴或雄鸡尾巴做成的仪仗用品，与蛟龙旗一样象征着王权。

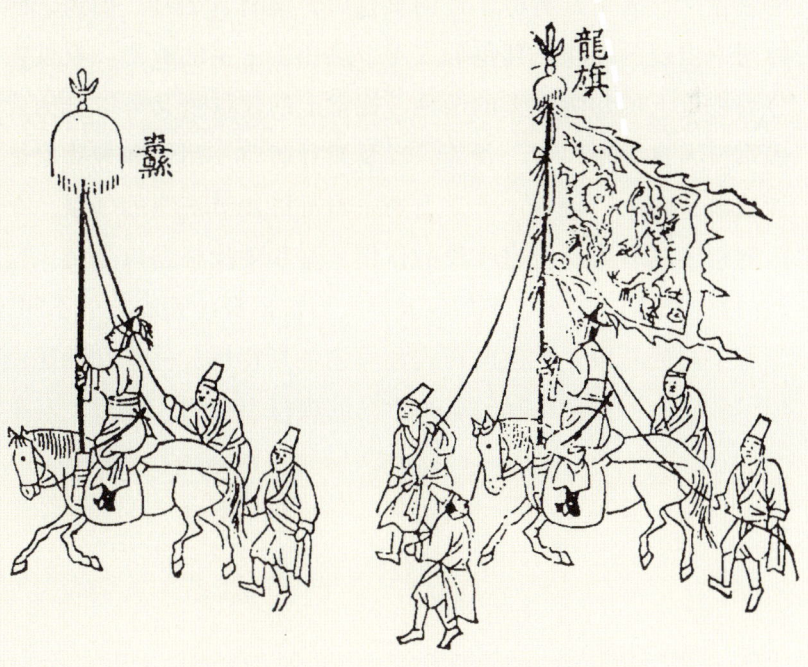

构成。而王妃则要穿着象征朝鲜时代最高女性身份的翟衣。不仅是王和王妃穿着最高规格的服饰，他们的随从队伍也非常华美。首先来看亲迎队伍的前半部分，在王的队列前面领头的是先厢军兵以及纛（用牛尾做成的大旌旗）、蛟龙旗（画有蛟龙的旌旗，蛟龙是想象中的巨型龙）等象征王权的仪仗物。御驾之前是华丽庄严地宣告御驾行进的各种旗帜和举着仪仗物前行的仪仗兵，以及内吹（乐队）、侍臣、亲侍卫等仪仗物和宣传乐队。御驾之后是文武百官和军事指挥官等随行保卫的大臣们。接着是与王的队列同为主要构成部分的王妃的队列。包括装有与王妃册封相关的教命、金宝[1]等的轿子，王妃的坐轿以及随从王妃的宫女们。亲迎队伍的后半部分是队列的收尾，是作为王的护卫的后射队。

御驾华美的另一面是威严，为此，队列中使用了很多种类的装置。首先是具有标志性的仪仗旗，画有日、月、山川、四神图中出现的动物、驾龟仙人等，烘托了王室的威严。仪仗物分为视觉上的和听觉上的两种。视觉上的仪仗物又可以分为代表军事力量的枪、刀、斧等，以及兼具遮荫实用性和神物象征性的扇、阳伞、盖等。听觉上的乐器可以调节庆典的气氛，在队列中还具有协调行进步伐的作用。这和现代根据口令统一行动的原理相同。另外，参加仪式的人们根据身份和职务的不同，穿着不同的礼服。礼服的样式和颜色各具特色，一些女性还使用了和盖头一样的饰品。队列中马的模样也很引人注目。马主

---

1 金宝即图章。

要是身份较高的人的坐骑,从一些内侍和女性骑马的形象也能感受到一些当时的社会环境。马除了白马,还有黑马、棕色的马等等,不同颜色看上去别有一番趣味。
描绘王室婚礼的班次图,如同现代摄制的视频一样,生动地再现了当时的仪仗物、服饰、乐器、马匹等各个环节。

婚礼是朝鲜王朝王室最高的庆典之一。一般都是王世子举行婚礼,而王的婚礼,一般是如肃宗、英祖等迎娶继妃的情况。这些王室婚礼是朝鲜时代重视传统、重视礼法的观念与一丝不苟的记录文化相结合的表现,并最终以仪轨这种记录形式被保存下来。目前韩国国内对文化的关注日渐升温,再现王室婚礼等宫廷礼仪的活动也正在积极开展之中。如果没有仪轨这种记录遗产,上述的这些仪式就永远无法重现在人们面前了。

朝鲜时代历代君王的婚姻及当时身份

王	大婚年度	大婚年龄	王妃	祖籍	父亲	王妃年龄	子女	其他
太祖（1335～1408）			神懿王妃（1337～1391）	安边	韩卿		6男2女	朝鲜开国前去世，1398年定宗即位后追尊为神懿王妃
			神德王妃（？～1396）	谷山	康允成		2男1女	1392年朝鲜开国后册封为王妃
定宗（1357～1419）			定安王妃（1355～1412）	庆州	金天瑞		无	1398年定宗即位后册封为王妃
太宗（1367～1422）	1382	16	元敬王妃（1365～1420）	骊兴	闵霁	18	4男4女	1400年二月定安大君世子册封后册封为贞嫔。1400年十一月太宗即位后册封为王妃
世宗（1397～1450）	1408	12	昭宪王妃（1395～1446）	青松	沈温	14	8男2女	1418年四月忠宁大君世子册封后册封为敬嫔。1418年九月世宗即位，十二月册封为王妃
文宗（1414～1452）	1437	24	显德王妃（1418～1441）	安东	权专	20	1男1女	1437年纯嫔废嫔后册封为世子嫔。1450年文宗即位后册封为王妃
端宗（1441～1457）	1454	14	定顺王妃（1440～1521）	矿山	宋玹寿	15	无	1454年册封为王妃
世祖（1417～1468）	1428	12	贞熹王妃（1418～1483）	坡平	尹璠	11	2男1女	1455年世祖即位后册封为王妃
睿宗（1450～1469）	1460	11	章顺王妃（1445～1461）	清州	韩明浍	16	1男	1460年册封为世子嫔。1472年追尊为章顺王妃
	1462	13	安顺王妃（？～1498）	清州	韩伯伦	？	1男1女	1462年册封为世子嫔。1469年睿宗即位后册封为王妃
成宗（1457～1494）	1467	11	恭惠王妃（1456～1474）	清州	韩明浍	12	无	1467年册封为世子嫔。1469年成宗即位后册封为王妃
	1480	24	贞显王妃（1462～1530）	坡平	尹壕	19	1男1女	1473年为淑仪，1480年尹氏废除后册封为王妃

续　表

王	大婚年度	大婚年龄	王妃	祖籍	父亲	王妃年龄	子女	其他
燕山君 （1476~1506）	1487	12	废妃慎氏 （?~1537）	居昌	慎承善	?	2男	1487年册封为世子嫔。1494年燕山君即位后册封为王妃
中宗 （1488~1544）	1499	12	端敬王妃 （1487~1557）	居昌	慎守勤	13	无	1506年中宗即位后册封为王妃。为父亲慎守勤（燕山君的妹夫）反正后废位。1739年（英祖十五年）复位
	1507	20	章敬王妃 （1491~1515）	坡平	尹汝弼	17	1男1女	1506年为淑仪，1507年册封为王妃
	1517	30	文定王妃 （1501~1565）	坡平	尹之任	17	1男4女	
仁宗 （1515~1545）	1524	10	仁圣王妃 （1514~1577）	罗州	朴墉	11	无	1524年册封为世子嫔。1544年仁宗即位后册封为王妃
明宗 （1534~1568）	1545	12	仁顺王妃 （1532~1575）	青松	沈钢	14	1男	
宣祖 （1552~1608）	1569	18	懿仁王妃 （1555~1600）	罗州	朴应顺	15	无	
	1602	50	仁穆王妃 （1584~1632）	延安	金悌男	19	1男1女	
光海君 （1575~1641）	1587	13	柳氏 （1577~1624）	文化	柳自新		3男	1608年光海君即位后册封为王妃。1623年废位。1624年去世。
仁祖 （1595~1649）	1610	16	仁烈王妃 （1594~1635）	清州	韩浚谦	17	4男	仁祖反正后册封为王妃
	1638	44	庄烈王妃 （1624~1688）	杨州	赵昌远	15	无	仁烈王妃死后册封为王妃
孝宗 （1619~1659）	1631	13	仁宣王妃 （1618~1674）	德水	张维	14	1男6女	1645年册封为世子嫔。1649年册封为王妃
显宗 （1641~1674）	1651	11	明圣王妃 （1642~1683）	清风	金佑明	10	1男3女	1651年册封为世子嫔。1659年册封为王妃

续表

王	大婚年度	大婚年龄	王妃	祖籍	父亲	王妃年龄	子女	其他
肃宗 （1661~1720）	1671	11	仁敬王妃 （1661~1680）	光州	金万基	11	2女	1671年册封为世子嫔。 1674年册封为王妃
	1681	21	仁显王妃 （1667~1701）	骊兴	闵维重	15	无	1681年继妃
	1702	42	仁元王妃 （1687~1757）	庆州	金柱臣	16	无	1702年继妃
景宗 （1688~1724）	1696	9	端懿王妃 （1686~1718）	青松	沈浩	11	无	1696年册封为世子嫔，景宗即位后追封为端懿王妃
	1718	31	宣懿王妃 （1750~1730）	咸从	鱼有龟	14	无	1718年册封为世子嫔。 1722年册封为王妃
英祖 （1694~1776）	1704	11	贞圣王妃 （1692~1757）	达城	徐宗悌	13	无	1704年达成郡夫人，1721年册封为世弟嫔。 1724年册封为王妃
	1759	66	贞纯王妃 （1745~1805）	庆州	金汉耈	15	无	1759年继妃
正祖 （1752~1800）	1762	11	孝懿王妃 （1753~1821）	清风	金时默	10	无	1762年册封为世孙妃。 1776年册封为王妃
纯祖 （1790~1834）	1802	13	纯元王妃 （1789~1857）	安东	金祖纯	14	2男3女	1802年册封为王妃（1800年拣择初选，1802年拣择终选）
宪宗 （1827~1849）	1837	11	孝显王妃 （1828~1843）	安东	金祖根	10	无	1837年册封为王妃
	1844	18	孝贞王妃 （1831~1904）	南阳	洪在龙	14	1女	1844年继妃
哲宗 （1831~1863）	1851	21	哲仁王妃 （1838~1878）	安东	金汶根	15	1男	1851年册封为王妃
高宗 （1852~1919）	1866	15	明成王妃 （1851~1895）	骊兴	闵致禄	16	4男1女	1866年册封为王妃
纯宗 （1874~1926）	1882	9	纯明孝皇后 （1872~1904）	骊兴	闵泰镐	11	无	1882年王世子嫔
	1906	23	纯贞孝皇后 （1894~1966）	海平	尹泽荣	13	无	1906年皇太子妃

王如何处理日常事务

执掌立法・司法・行政之权

郑豪薰・奎章阁韩国学研究院 HK 研究　教授

神界与民间的主宰

在朝鲜时代,王作为连接神界与民间的人物,在社会生活中具有绝对的权威。生活在朝鲜时代的人们笃信神界的存在,认为人间的世俗社会完全是在神界的影响下运行的,而王正是神界与人间相互交汇的中心。作为一国之君的王,上奉神灵、下治国家,具有凌驾于万民之上的权力。朝鲜建国之初,很多人主张太祖李成桂收服民心是天命使然,这种说法正表明了王与神界和人间的关系。人们相信太祖是下达天命的神界执行者,承担了建立朝鲜政权的责任。

王所能行使的权力,所要处理的国事,都与这种来自天命的责任联系在了一起并依附于相应的执行规则。其中最重要的是,王作为神与人之间的媒介,被赋予了面向神灵进行祭祀的权力。当时,神的种类很多,包括王室的祖先、土地神、农神、

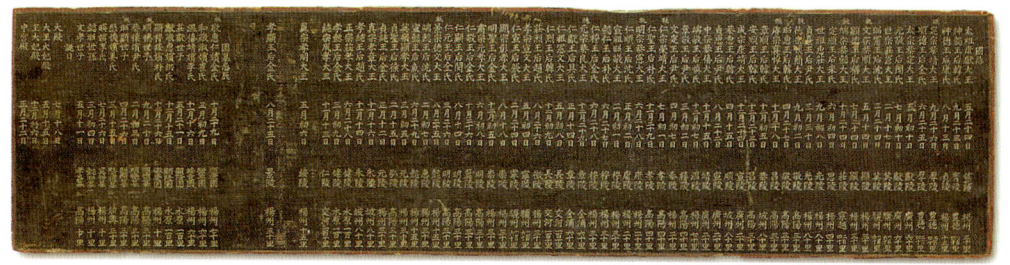

记载王和王妃祭祀之日的碑文，35×144.3cm，木制，宪宗年间，韩国国立故宫博物馆收藏。上面刻有王和王妃、王世子和世子嫔、王的生母的忌日，以及陵、园、庙的位置。最末是石碑制作之时的王和大王大妃、王大妃、王妃的诞辰。

以及各名山大川之神等。王要对这些神灵进行祭祀活动，以祈求国泰民安。祭祀不仅是保障王权、张显威严的活动，也是国君要处理的主要事务。祭祀权是王的基本权力。此外，王还要对国家的所有事务负责，对政治、司法、行政等方面国事进行最终裁定。用现代观点来看，王独自统掌了立法权、司法权和行政权。

王的权限之大、事务之繁、责任之重都要求他在处理纷繁芜杂的国事之时要具备坚韧的精神和强健的身体。如果王孱弱无能，国家就会在他的统治下问题频出。保持身体健康、思维敏捷已经超出了王个人修养的层面，而上升到制度保障层面。经筵可以说就是一个代表性的制度。进行经筵的目的在帮助王熟悉经史典籍，并用儒家思想来塑造王的品德。经筵一方面可以看作王为了加强王权而实行的手段，而另一方面也可以看作王用来提高学识的教育手段。

宫墙内外处理国事

根据所要处理的国家事务的性质，王的职责可分为宫内和宫外两部分。在宫墙之外的职责主要是处理祭祀相关的各种事务。在宫墙之内的职责主要是处理政务。议定宫外要处理的国事虽然不包含在政务范围之内，但这是王被赋予的主要职责，从这个角度来看，将其看作国事也无可厚非。

王的出宫之行被称作出巡。如去宗庙或祭坛主持祭祀，去陵园祭奠，去温泉疗养祛病等。王的出巡根据目的的不同表现出了多样化的特点。到了18世纪英祖、正祖时期，王的出巡活动出现了大幅度的增加，出巡的地点也更加多样化。出巡的目的和内容也出现了很多以往不曾出现过的情况。英祖曾在疏通清溪川等土木工程的现场进行过视察和监管；正祖则经常巡幸移迁水源的思悼世子的陵墓，并亲自视察民生、听取民意，以作为制定国家政策的参考。因此王的出巡也起到了统治者直接与百姓接触的政治性作用。

此外，在这一时期，王也经常走出宫门接见京城的百姓们，听取他们对于重要政策的意见或直接下达旨意等。英祖就曾

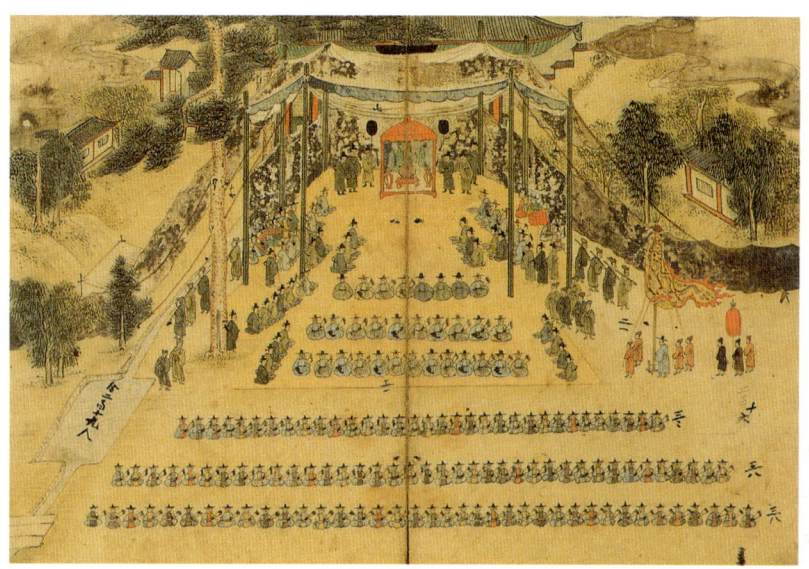

《清溪川浚川侍射图》，37.4×49.6cm，纸本彩色，1760年，首尔历史博物馆收藏。
图中表现的是1760年浚川（清溪川）工程结束之后，王与群臣射箭的场景。侍射活动在昌德宫暎花堂举行，慢帐呈八字型，中间放有日月五岳图和御座，英祖亲临现场，面前是浚川所文臣以及身着戎装佩戴弓箭的武将们。

针对良役[1]改革争议不断的情况在昌庆宫弘化门外听取过汉城（今首尔）市民们的意见，并赈济士农工商各个阶层的百姓，还曾在昌德宫敦化门外接见过市井商人，倾听了他们的诉求。虽然这些举措还算不上出巡，但王亲自接见百姓并与他们进行对话的行为，也算是宫墙之外的活动。

---

1 良役，朝鲜时代，国家为了保障所需人力及财政的供给，按规定向16岁以上60岁以下的良人男子或良民男子（即良丁）征用的各种劳役的统称。

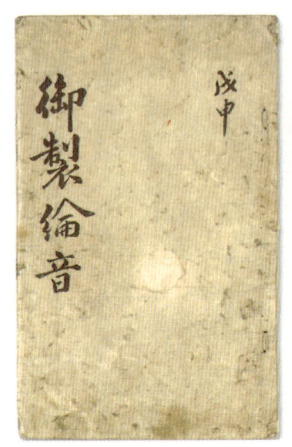
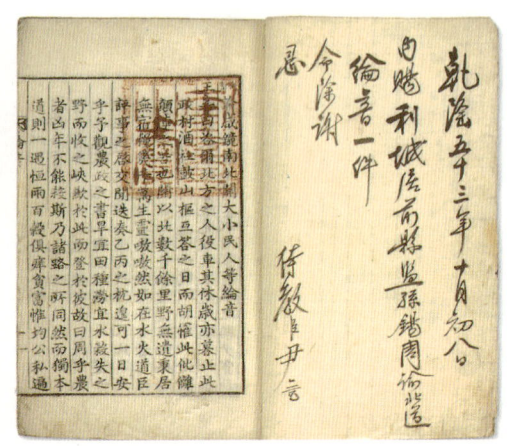

御制纶音，73×21cm，纸材墨字，1788年，韩国国立故宫博物馆收藏。听说咸镜道遭遇旱灾后，正祖为咸镜道百姓所立的有关赈灾措施和关税减免等内容的圣旨。

在宫墙之外处理国事如果算是比较特殊的情况的话，那么在宫墙之内处理政务则是王日常活动的核心内容。王每次出行都要经过复杂的准备工作，动员大量的人力，因此受到一定的限制。而王处理政务的首要地点是在宫里。包括景福宫在内的朝鲜时期五大宫殿既是王个人生活的空间，也是王处理政务的办公场所。

宫殿的这种特点也可以从空间配置上反映出来。宫中配有供王和王室成员以及辅佐王的大臣们进行日常生活、休息、处理国事的空间。按照性质可具体划分为政务区域、生活区域和休息区域。其中，王处理国事基本上都是在政务区域。政务区域包括王和臣下聚集在一起操办国家级重大事务的法殿，以及王身着便服处理政务的偏殿。法殿一年中使用的次数是有严格规定的，只在每年一月一日、冬至、君臣朝会时使用。法殿如景福宫的勤政殿、昌德宫的仁政殿、昌庆宫的明政殿、庆熙宫的崇政殿等。偏殿如景福宫的思政殿、昌德宫的宣政殿、昌庆宫的文政殿、庆熙宫的字政殿等。在朝鲜时代后期，一般用其他建筑作为偏殿代替原有的偏殿来使用，情况更为复杂。

侍奉神灵，祈求国泰民安

王要处理的诸多国事当中，最重要的就是对各路神灵进行祭祀。朝鲜时代的人们相信保卫国家、王室以及百姓安危的力量来自于神灵，因此在供奉神灵方面不遗余力。祭祀是国家级别的活动，在朝鲜时代成为五礼之一的吉礼。祭祀要在规定的时间、耗费大量的物力、极为虔诚地进行。与祭祀相关的仪式也具有一整套详细的规章制度，以此来确保祭祀活动的正常运行。成宗时期的《国朝五礼仪》、英祖时期的《国朝续五礼仪》、政祖时期的《春官通考》等都忠实地记录了下了祭祀的相关规定随时间流逝而发生变化的史实。王一直都是这些祭祀活动的主管者。

朝鲜时代的国家祭祀按照大祀、中祀、小祀三个级别进行管理。大祀包括社稷坛祭祀、宗庙祭祀、永宁殿祭祀等。中祀包括风云雷雨祭祀、岳海渎祭祀、籍田祭祀、先农祭祀、先蚕祭祀、雩祀、文宣王祭祀、历代始祖祭祀等。小祀包括灵星祭祀、老人星祭祀、马祖祭祀、名山大川祭祀、司寒祭祀、先牧祭祀、

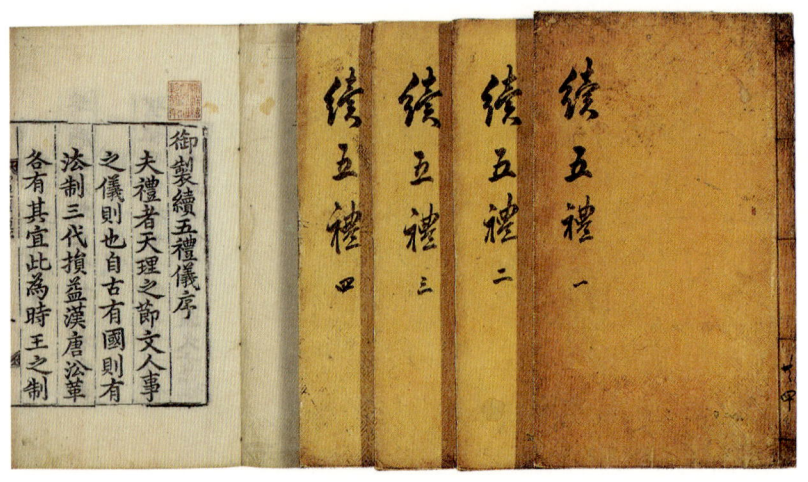

整理记载祭祀的规定和历史的《国朝续五礼仪》。

马社祭祀、马步祭祀、祃祭、禜祭、酺祭、七祀、纛祭、厉祭等。上述这些祭祀中,宗庙祭祀等重要祭礼进行时,要由王亲自主管。其余祭祀则由大臣代管。一般来说,中祀由二品以上的官员代管,小祀由三品以下的官员代管。即使祭祀活动是由大臣代行的,祭祀祝文中的主管仍旧被记载为王。

在众多祭祀当中,社稷祭祀和宗庙祭祀对于保障王权具有重大意义。社稷祭祀是王通过对土地神和农神进行祭祀以祈求丰年的祭祀活动。在以农业为中心的社会中,虔诚地向掌管土地农耕的神灵进行祭祀是一件至关重要的事情。宗庙祭祀在每年的春、夏、秋、冬以及腊日共举行五次。宗庙祭祀是王对祖先进行的祭祀活动,无论从次数还是规模上来看,其他祭祀活动都无法与其相比。社稷祭祀和宗庙祭祀在任何情况下都必须由王来主持进行。在祭祀当天,王一整天都要在祭祀地点按照礼制主持仪式。下面是正祖四年（1780年）一月一日进行的社稷祭祀情况。

- 上午十点（巳时）移驾社稷坛。
- 出仁化门至敦化门。落轿，召集各道的岁首户长，向他们询问百姓的生计、地方的弊病、农业的收成等问题，并听取他们的报告。
- 至钟路，召集百姓，询问他们的疾苦，并听取他们的进言。至社稷坛，进入行祭所。
- 十二点（午时）出社稷坛西门，视察祭器和牺牲。
- 下午四点（申时）进入祭室。
- 下午四时下达《劝农纶音》。
- 凌晨三点（四更）进入社稷坛行祭所。结束祭祀回到大次[1]。

遇上长期干旱的天气，祈求降雨的祈雨祭也是王行使祭祀权的一个重要活动。祈雨祭根据需要可以随时举行，并根据具体情况在不同的地点依次举行。从朝鲜时代后期的相关材料《祈雨祭謄录》中可以了解到，祈雨祭在三角山、木觅山、龙山、楮子岛、北郊、社稷坛、宗庙等处都曾举行过。旱灾特别严重时，王会亲自进行祈雨祭，具体的活动情况可以从记载于《国朝续五礼仪》中的《祈雨祭亲祭仪》中了解到。

1　大次，供王在主持国家祭祀过程中临时休息的帐子。

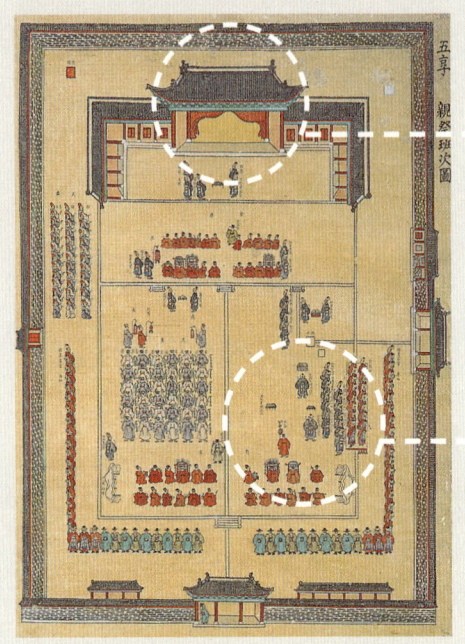

《宗庙亲祭规制图说屏风》第七幅《五享亲祭班次图》，朝鲜时代，19世纪后半叶，八折屏，纸制彩绘，各180.8×54.3cm。

《宗庙亲祭规制图说屏风》用绘图形式形象地讲解了宗庙祭祀的仪注[1]，下端则将祭祀的过程用文书的形式记录下来，一共八折，直观地再现了祭祀这一宫廷活动。

1　仪注，记录国家典礼过程的书籍。

左图扩大后,可以看到参与宗庙祭祀的乐师的形象、列队大臣的服饰及队形。

左图是王室活动中将水或其他液体倒入小口碗里时使用的器皿灌地筒的盖子。右图的凤扇是朝鲜时代仪仗队使用的大扇子。在长柄末端的扇形面上绣上或绘上凤凰形象。王出巡时,小舆之后的队伍中,在钺斧之后有六个人持凤扇分列左右。

统理万机

在朝鲜时代，王所行使的治理国家的权力是建立在集权化政治体制上的。王能够行使治理国家的最高权力的依据正是中央集权的政治体制。在这一政治体制中，最高统治者通过中央的"议政府[1]—六曹[2]"制度以及地方的"监司[3]—守令[4]"制度这两个层级对全国进行统一管理。中央部门和地方部门各司其职，上下有序，互为补充。该体制的中心是中央政治制度。中央政治制度在朝鲜初期以议政部、六曹、三司[5]为中心运作，到了17世纪以后备边司[6]为中心运作。国家的政要政策和法规都是在这里进行审议通过的。

在这种政治体制下，王所要处理的国家事务看起来似乎并不繁杂。但实际上正因为王要统筹行政、立法、司法、外交等诸多方面的事宜，因此总要应对那些难于处理且数量庞大的各种国事。王不仅要监管整个国家的运行，决定新政策的出台，还要在法规需要更新时进行最后把关。具体来说，被行政机构提上日程并做出决定的提案，需要王进行最终的裁定之后才能正式实行。同时，新法规都要以王的名义发布，行政上的重要议案也都必须经过王的审批。下面这则《经国大典》中所记录

---

1 议政府，朝鲜时代设立的最高行政机关。
2 六曹，高丽末期及朝鲜时代处理国家政务的六个部门。
3 监司，朝鲜时代各道的最高官职（从二品）。
4 守令，高丽和朝鲜时代各地方官的统称。
5 三司，朝鲜初期管理财政的部门。
6 备边司，朝鲜中后期代替议政府管理国家事务的最高政府机关。

的规定正好印证了这一点:

> 新法之立,旧法之改,及在丧人员起复者,议政府拟议闻,本曹考司宪府、司谏院署经出依牒。(《经国大典·礼典·依牒》)

作为国家最高统治者,王必须经常性地与大臣们进行会面。王通过定期或不定期地听取各个部门的报告和建议来处理各种事务,并在这个过程中下达新的指令或制定新的法规。正因为如此,王所要处理的国事简直可以用"万机"来形容了。

王接见臣下处理国家事务的形式有很多种。如朝参,常参,轮对,听取承政院[1]

正祖的"万机之暇"印

承旨[2]的工作报告,在经筵上讨论国事,与大臣、备边司堂上[3]

---

1 承政院,朝鲜时代传达王命并将各种事项向王进行报告的机关。
2 承旨,朝鲜时代隶属承政院负责王命传达的正三品官员。
3 备边司堂上,朝鲜时代正三品明善大夫、奉顺大夫、通政大夫、折冲将军等以上的官职。

等的次对[1]等等。这些形式不仅仅在法典中有所规定，在现实中也形成了惯例。除了与大臣、备边司堂上的次对之外，其余的都是从朝鲜初期开始一直持续了很长时间。

朝参是王和文武百官定期进行的朝会。按照规定，每个月的五日、十一日、二十一日和二十五日，朝廷的所有官员都要在勤政门、仁政门等法殿正门进行会晤。从《国朝五礼仪》中的《勤政门朝参仪》、《国朝续五礼仪》中的《仁政门朝参仪》等记录中可以了解到参加朝参的人员情况以及朝参队列的情况。不过，在实际的政治生活中，朝参并没有完全按照规定进行。相比之下，常参的进行比较常规、简洁。

常参是大臣每天早上朝拜君主的简型朝会。朝会的地点在偏殿。《经国大典》中规定了参加人员为宗亲府、议政府、忠勋府、中枢府、仪宾府、敦宁府、六曹、汉城府的堂上官[2]以及司宪府、司谏院的官员各一名，经筵的堂上官、堂下官[3]各两名，议政部、六曹的当直堂下官，以及司宪部监察等。王与大臣们在进行完常参朝会仪式之后，要进行听取国事报告的朝启。届时，要进言的官员们随同史官一同进入殿内，俯伏于御前，依次进行汇报。《国朝五礼仪》中的《常参朝启图》对此过程有详细的描绘。

常参按照规定每天都要进行，但实际上常参并未如此严格地得到执行。以宣祖时期常参的实行情况为基准，可以看到常

1　次对，每个月六次向王报告国家重大事件。
2　堂上官，朝鲜时代参加朝会时，在朝堂上有椅子可坐的官员。
3　堂下官，朝鲜时代参加朝会时，在朝堂上无椅子可坐的官员。

参在执行过程中发生的变化。宣祖之前的常参进行得比较活跃，而宣祖之后常参几乎停滞。以正祖时期为例，正祖在位二十四年，而在这段时间中进行过的常参却屈指可数。

轮对是无法参与常参的官员们按照规定好的顺序向王作定期汇报的一种工作形式。"轮对"的"轮"字表示"轮流"，而"对"字则表示"会见"。按规定，六品以上的文官和四品以上的武官有参加轮对的资格。负责轮对的官员被称为轮对官。高宗时期编纂而成的《银台条例》中规定轮对每个月实行三次，即每月一日、十一日、二十一日。纵观整个朝鲜时代，轮对并非每一次都被一丝不苟地执行，但其作为王了解国情、统筹全局的重要途径，轮对的作用是毋庸置疑的。

提到王对国事的处理，则不得不提到经筵。经筵是王和文臣们一起一边谈论《书经》《易经》等经典以及史书，一边熟悉儒家思想的王室教育现场。王通过经筵培养儒学道德、提高学识能力。经筵同时也是国家重大事件的讨论现场，王可以听取大臣们不同的意见。在经筵上，除了经筵官之外，大臣们也进行参与，学习完当日要学习的内容之后，王和这些大臣们就需要解决的问题进行商讨和决策。在当时无法解决的问题则推迟到日后进行决断。下面这段文字记录了孝宗一年（1650年）六月十日经筵的情况。

> 朝讲时，右相赵翼榻前所启，昨日院启，民役均定之事，极是美意，而事系重大。自上亦加详察，期使必行，似当矣。上曰，户判刑判之意，何如？李基祚曰，湖西则

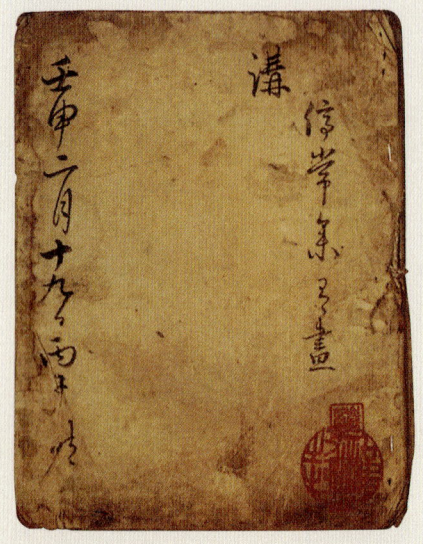
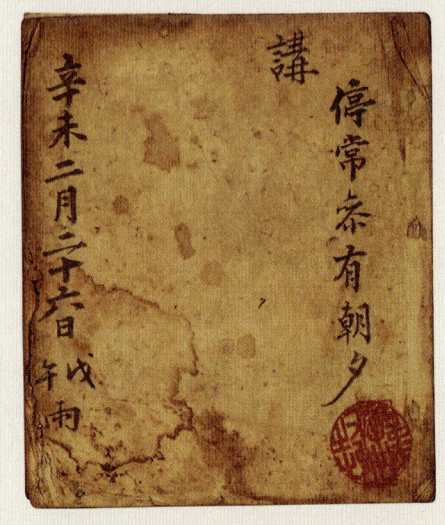
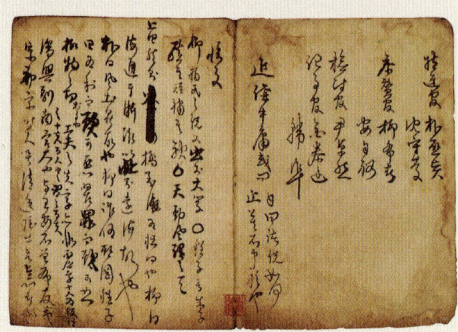

经筵日记,金诚一所书,1517~1572年,22.8×9.4(24.1×18.6)cm,韩国国立中央博物馆收藏。是王和大臣们在研究学问的经筵上所学习和讨论的内容的官方记录,包括当日讲解的书目、范围、王和下臣们讨论的内容等,也涉及到了政治形势。

结少役重，两南则结多役轻，顷者领相，言於臣以为，若割湖西偏重之役，移送於两南，则似为便当云矣。李时昉曰，三南贡物，为当今巨弊，不可不变通矣。若於两湖山郡，二结收木一疋，海邑，一结收米三斗，略放海西之规而行之，则似为便当，岭南则自有供倭之役，虽不可一体为之，而两湖则定为收米之规，似当矣。闵应亨曰，臣等启辞中，请先洪清道者，欲先行一道，以试便否，然后仍行於两南也。上曰，卿等所言，均役及收米，两款事而已。此两款便否，退与大臣详议熟讲，后日宾厅之坐，当为引见，其时定夺，可也。且卿等之议虽不一，而凡事有相可否，然后可以详悉，而无未尽之患，若於事事，人皆雷同，则是非何由以定？大司宪、大司谏所论亦好，勿拘常规，同会一处，相议为之，可也。

经筵是太祖即位之初筹划并实行的一项制度，到了世宗时期由集贤殿全权负责。在世祖时期，集贤殿被废弃，经筵也随之被废止。成宗时期，经筵回归正轨，其框架也被确定了下来。按常例每天由负责经筵的官员早、中、晚各举行一次，分别称作朝讲、昼讲、夕讲。此外还有临时进行的"召对"以及晚间宫门关闭之后进行的"夜对"。

御前辅佐的备边司和承政院

  王处理国事过程中另一个重要的形式是王接见大臣及备边司堂上（或几名大臣）的"次对"。次对本来是指轮对官按照顺序觐见国君，后来因备边司在国事处理中举足轻重的地位，次对演变为王与备边司定期会见讨论重要国事的活动。进行次对时，备边司处理的主要事务以及其他各项事宜都会向王进行汇报，王以此为依据决定政策的实施以及新法规的制定。次对被称作"备局次对"或"宾厅次对"。"备局"是备边司的别称，"宾厅"指的是议政们、备局堂上们在宫中聚会处理事务的场所。17世纪以后，备局次对在国家运行过程中起到了至关重要的作用，这缘于该时期备边司的功能得到了强化，并确立了以其为中心的政治运营机制。

  备边司是为了寻求解决边疆军事威胁的对策而在16世纪初首次登上历史舞台的机构。17世纪以后，作为统筹国家事务的机关进行相关事务的管理工作。议政大臣和二品以上的大臣作为备边司堂上参与国家主要政策的商议及决策，并监管政策的具体实施过程。备边司实际上掌管的业务包括：军事及行政主要相关官员的人事任免，针对中央和地方各级官厅的报告进行讨论、依据报告制定解决方针并向君主进行汇报以得到最终处理意见等。经过这个流程处理的各项事务最后会下达各级行政机关，并由这些机关来具体执行。

  备边司所整理的各种事务处理意见由现任议政呈报给王，

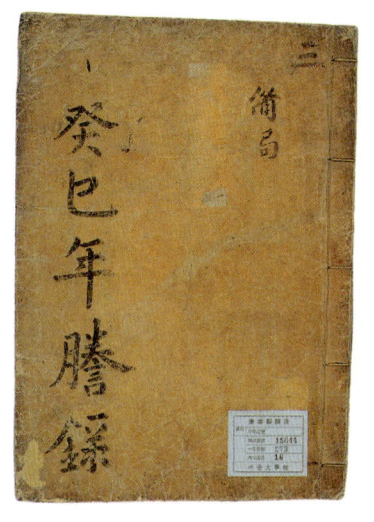
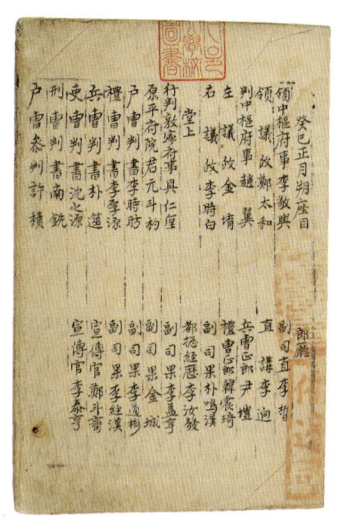

备边司誊录（273册），国宝152号，奎章阁韩国学研究院收藏。

或由有司堂上[1]以司启的形式呈献给王。次对原则上在每个月的五日、十日、十五日、二十日、二十五日、三十日各举行一次。这个原则在英祖、正祖年间被严格遵守，大体上每个月都会举行六次。但纯组即位后，情况却大相径庭。有时候一个月只举行过一两次，有时候一个月一次都没举行过。因此，19世纪上半叶依据备边司的司启进行商议后将结论上报给王并由王最终裁定的情况，与18世纪相比比重有所提升。

王处理国事过程中承政院扮演着最重要的角色。承政院设置在王宫之中，是在御前辅佐国事的机关，其职能被定位为管理王命在法殿的下达和上呈。承政院也被称为喉院、银台，以

---

[1] 有司堂上，朝鲜时代宗亲府、忠勋府、备边司、耆老所等承担一定职务的堂上。

表示"咽喉"的"喉"字来命名，足可见承政院的地位。具体来说，承政院的主要业务包括向政府各个机关及地方转达王的重要指示或命令，以及将政府各个机关上呈的报告及地方长官的奏本或个人的上诉等向王进行汇报等。可以说承政院是连接王与整个官僚组织的重要环节。

在机构运行过程中，承政院的承旨们不仅协助王处理国家事务，也充当王的国事顾问。王通过承政院了解国家事务中的重大问题，并采取行之有效的实行措施。承政院的承旨们还参与接待外国使臣、在宗庙祭祀等国家礼仪中伴驾随行、政务处理、人事任免等各方面事务。此外，包括都承旨[1]在内的六名承旨都兼任经筵的参赞官[2]和春秋馆[3]的修撰官，记录王的一言一行。

承政院承旨的业务报告由都承旨负责吏曹，左承旨负责户曹，右承旨负责礼曹，左副承旨负责兵曹，右副承旨负责刑曹，同副承旨负责工曹。承旨们以"某承旨以某司言启曰云云"的形式简略地向王呈报。

《承政院日记》中记录的正祖日常活动：动态的国事处理

朝鲜时代，王要处理的事务十分庞杂。这些事务虽然并不是王的法定义务，但事实上不经过王的最终裁定，这些事物就

---

1 都承旨，朝鲜时代承政院的首席承旨。
2 参赞官，朝鲜时代经筵的正三品堂上官职。
3 春秋馆，高丽和朝鲜时代记录时政的机关。

无法进行。即便如此,在朝鲜时代也不是所有的王都事必躬亲,国君的个人差异非常大。

在朝鲜历代的王中,最勤于国事的要算是正祖。正如英祖所言正祖在处理国事中一直亲力亲为,可谓"万机亲览"。对于正祖的这种治国方针,持反对观点的大臣甚至曾提出过一国之君不应该处理所有的业务,而只需要统筹大局即可的意见,可见正祖为处理国事可谓鞠躬尽瘁。正祖一直致力于让自己成为亦君亦师的"君师",即在政务和学问两个方面都能进行统筹并对臣下进行教化。

正祖繁忙的日常活动可以从《承政院日记》中窥见一斑。下面是正祖六年(1782年)二月二十日的日程记录。当日天气晴朗,御驾昌德宫,因当时常参中止而实行的是昼讲。

承政院的报告及君主的相关指示

左承旨赵时伟今日次对上为两司长官请求觐见的要求获得准许。

左承旨赵时伟将兵曹的建议呈上并获得处理意见。

回复副校理[1]李时秀的奏折。

上午八点

移驾诚正阁,进行昼讲和次对。

知事、特进官、参赞官、侍读官、检讨官资格考试。

---

1 朝鲜时代1401年设立的校书馆从六品官职。

领议政、左议政、右议政、右参赞、兵曹判书、工曹判书、礼曹判书、刑曹判书、汉城左尹、刑部司直、兵曹参判、吏曹参判等出席。

诵读《孟子》第二册下篇的一段,王与经筵官就其含义进行讨论。

出席次对的官员们一起商议国事并就重要问题做出决断。

上午十点

移驾诚正阁。

时原任[1]阁臣、军事房承旨、兵曹参议资格考试。

关于春季陵幸相关事宜的商讨。诵读逆党金应彦的招供。讨论文臣和抄启文臣[2]的试射。

晚上八点

移驾诚正阁。

刑曹判书,兵曹判书资格考试。

详细询问逆党金应彦的情况,命令进一步调查涉案人员。

诚正阁是正祖在昌德宫内处理国事时经常去的场所,位于从昌德宫前往昌庆宫或奎章阁时经过的方位。正祖的每一天都与上文提到的一样从早上八点正式开始,到了晚上八点才能结束。虽然当时常参已经中止,但国家的重要事务可以在昼讲和

---

1 朝鲜时代,对现任官员和继任官员的统称。
2 朝鲜时代,奎章阁特别设置的负责教育和研究的文臣。

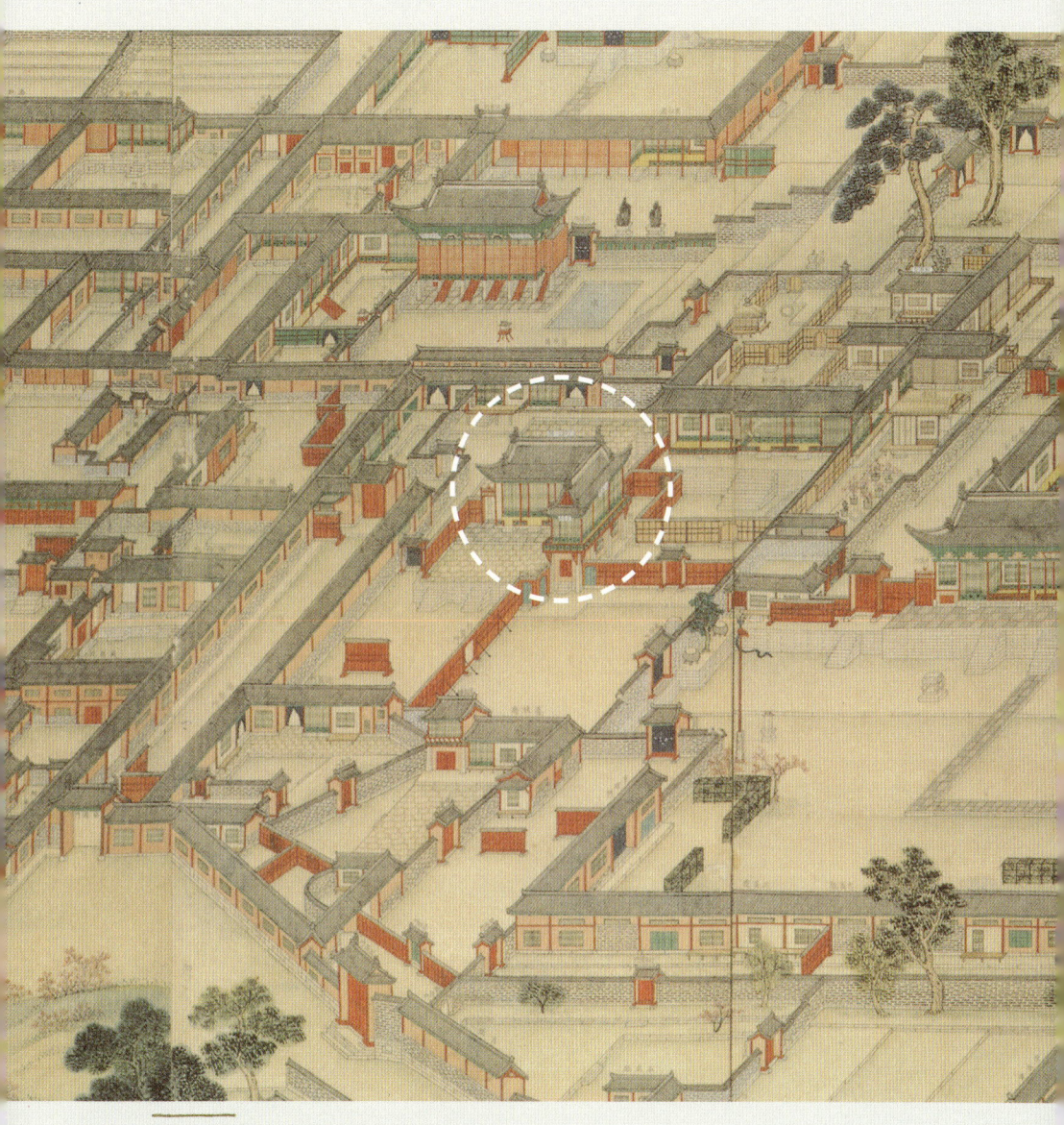

世子曾经举行过昼筵的诚正阁。

位于昌德宫后院的奎章阁。

次对中经过讨论得以解决。每天上午十点，王与前任和现任官员共商国事的惯例是正祖时期的一个明显的特征，参与讨论的官员是在奎章阁办公的大臣。正祖即位之后便成立了奎章阁，召集中意的能臣，致力于将奎章阁打造成思想及学术的中心。

  正祖在位期间，总是不辞辛劳地接见臣下、处理国事。作为国君，可谓尽职尽责。这些都是正祖在国家发展蒸蒸日上，政治、经济、文化各项事业蓬勃发展的大环境下，积极主动地寻求合理的治国之策所付出的努力。稳定统一的朝鲜正是正祖构想的理想社会，正祖清醒地认识到这个梦想的实现需要自己积极地、创新地去治理国家，为此，要最大限度地发挥组织和人员的能动性。正祖为自己确立的目标应该不是有效行使自己所拥有的权力并促进官僚机构有组织地运行如此简单。这一点从正祖通过奎章阁编写并刊行了数百种御定书和命撰书的举措上就可以看出来。这些书籍都是由王和国家出面对朝鲜时代的历史、思想、文化等各方面进行整理的成果。正祖认为政治上的成功要建立在有特色的思想、文化以及理念之上，于是倾注了前所未有的心血编撰了这些书籍。

王作诗的寓意

●

君主的文艺活动与政治

李锺默 · 首尔大学国文系　教授

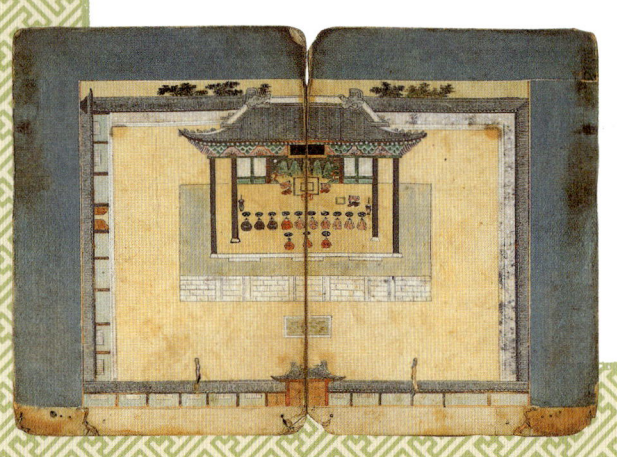

奎章阁与国君诗集

"奎章阁"当中的"奎"是西方星宿的名字。因该星宿的形状类似于汉字,所以也用"奎"字来比喻文才。"奎章"指的是国君的诗作,因此"奎章阁"便成为保管国君诗作的场所。这正是奎章阁名称的由来。

成立奎章阁的提议出自朝鲜初期杰出的政治家梁诚之。世祖九年(1456年)五月,集贤殿被废弃,收藏于集贤殿的书籍被移至艺文馆。当时,梁诚之切实地感到针对集贤殿收藏的书籍需要有新的系统化的管理制度,因此提议设立弘文馆。梁诚之参考中国宋朝的制度,提议在景福宫交泰殿东面的麟趾堂的侧堂建立奎章阁来供奉王的诗文。但是此项建议当时并未得到实施。后来到了肃宗时期,在宗正寺筹建奎章阁和天翰阁的计划被重新提上日程,肃宗也亲自题写了匾额,但计划还是搁浅了。

众所周知,真正把奎章阁建立起来的国君是正祖。正祖在即位之年,即1776年七月,于昌德宫御苑的北侧建立了奎章阁。成立初期称其为御制阁,后来悬挂上了肃宗书写的"奎章阁"匾额,更名为奎章阁。自此历代国君的文章都被供奉在奎章阁的奉谟堂。奎章阁里还有一座称为"宙合楼"的建筑,那里悬挂着正祖亲笔所书的匾额。正祖将自己的画像存放于此,还将用于陪葬而誊写的三经四书[1]各一部保管于此。正祖驾崩之后,其生前所著文章也都保管于此。由此可见,奎章阁创建之始是具有作为图书馆保管国君文章的性质的。

奎章阁保管的国君诗作被特制成册。国君所著文章被称为"御制",世子所著文章被称为"睿制",大臣所著文章被称为"应制",国君与臣下进行的对诗被称为"赓载"。将朝鲜时代王

奎章阁牌匾

---

[1] 三经:诗经、书经、易经。四书:大学、中庸、论语、孟子。

朝的历代国君所著的诗文、御制等编辑而成的文集被称为《列圣御制》。世祖时期，刊行了《祖宗朝圣制集》和《御制诗文集》，圣宗时期，编辑了世祖的御制集以及睿宗、德宗的御制集。此外，据推测，成宗生前《成宗御制》应该已经刊行，中宗的御制也应该被刊行过。目前流传下来的最早的御制集是《仁朝御制》。这是在记录仁宗生平的行状完成之时，大妃将仁宗在世子时期所著的文章进行整理而编辑成册的。按照惯例，该文集应该成书于明宗年间，但实际上是在后来才被刊行的。

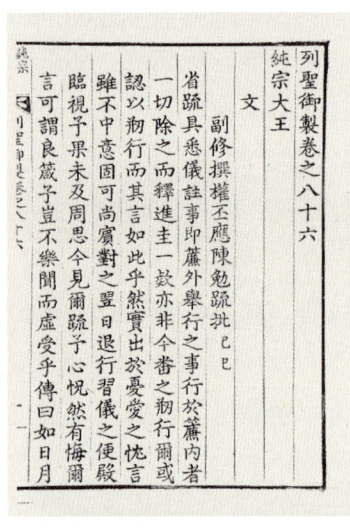

《列圣御制》

　　前任国君去世，继任国君即位后立刻着手编辑前任国君的御制集，并集成《列圣御制》，这一传统形成于仁祖时期。但仁祖时期《列圣御制》刊行之后，该传统暂时中断了一段时间，到了肃宗时期又被积极地实行起来。不过，高宗以后，《列圣御制》的刊行并没有进行下去，只有没有得到妥善保管的原稿流传了下来。

　　历代国君的诗文像普通文人一样编辑成文集的情况在朝鲜时代也出现过。据推测，刊行最早的国君文集是肃宗的《紫宸漫稿》。虽然该书并未流传下来，但在记录中确切地记载下了该书被刊行了六册的事实。后文还会详细提到，肃宗热爱文学，

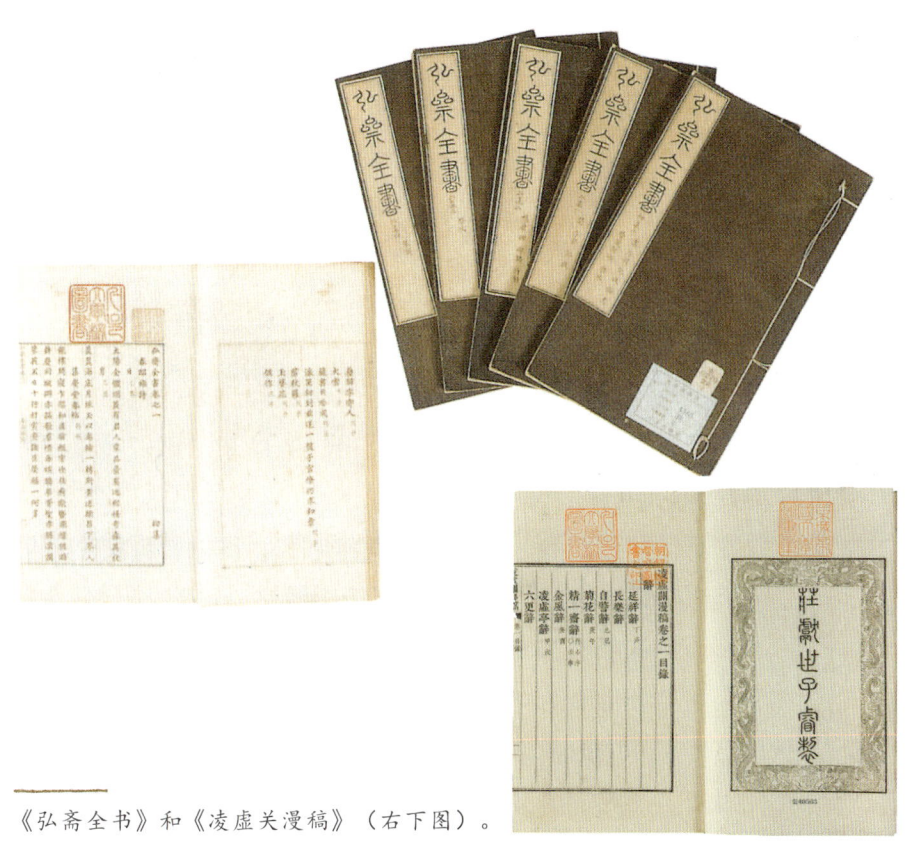

《弘斋全书》和《凌虚关漫稿》（右下图）。

创作了很多诗文，还将这些诗文进行整理并像普通文人那样编辑成文集刊行。国君的诗文整理成文集的传统也是从这一时期形成的。英祖的《御制集庆堂编辑》和《御制续集庆堂编辑》，正祖的《弘斋全书》，庄献世子（思悼世子）的《凌虚关漫稿》，纯组的《纯斋课程》和《纯斋稿》，翼宗（纯组的儿子孝明世子，后被追封为王）的《敬轩诗抄》和《鹤石集》以及谚文本《鹤石集》《淡如轩诗集》《敬轩集》，哲宗的《元轩稿》，高宗的《中斋稿》和《珠渊集》等，这些都是国君的文集。

作为治国之策的诗文

朝鲜王朝的国君们很喜欢作诗。1776年刊行的《列圣御制》中收录的有：世祖诗赋59首，成宗204首，宣祖63首，孝宗103首，肃宗816首，英祖831首，此外还收录了热爱文学、拥有文人风范的正祖的诗文438首。被废黜王位的燕山君的诗文虽无法收录在《列圣御制》中，但仅收录于《燕山君日记》中的就多达80篇。

在将儒学标榜为立国之基的朝鲜时代，国君的诗文创作曾是一个饱受诟病问题。在被称为帝王学教材的《大学衍义》中，作者真德秀将陈后主和隋炀帝作为反例，论证了国君与臣下在文学上互相合作互为竞争的做法最终只能导致亡国的结论，明确提出帝王不应把精力倾注在文学之上。根据世宗二年（1420年）铸造了《大学衍义》的活字印刷字模的记载，可以推断出从开国之初到此后的历代国君几乎都曾读过此书。

以性理学为理念的文人们依据《大学衍义》针对国君作诗的行为没有一刻停止过批判，但在朝鲜时代，诗歌与政治艺术有着密不可分的关系，国君们从政治目的出发还是进行了很多诗文创作。也就是说，王与臣下吟诗作对的做法实际上是一种高超的统治之术。王亲自作诗赐予臣下，大臣们会感到无比荣幸，甚至会在自己家中设置专门供奉的屋室。可见王赐诗的做法是一种笼络人心的有效手段。统治者对下属设宴款待，并在宴席上赐予蕴含心意的礼物以达到安抚人心的做法，古今中外屡见不鲜。

在这种传统的影响下,特别是那些通过政变登上王位的国君或是试图强化王权的国君,为了上下同心,笼络拥有实权的大臣,自然而然地就会用到古诗。以武力登上王位的太宗和世祖正是如此。太宗通过与有功于社稷的大臣们一起作诗的"文学政治"手段对功臣礼遇有加。世祖的做法也如出一辙。登上王位之后,他在宴席之上将即位以前刻在剑鞘上的诗出示给臣下并说道:"寡人并不是因为喜欢这样的筵席而宴请大家的。爱卿们都是对我追随已久的功臣,我只是担心大家现在碍于君臣之礼而淡忘了上下一心的情谊。"

英祖十七年(1741年),王和承政院承旨们在庆熙宫景贤堂进行经筵的情景。

在国家的官方宴会上，国君与臣下互相配合、吟诗作对的做法是中国从古代延续下来的传统。国君通过宴会招待来笼络臣下并赐诗的传统可以从《诗经》中的《鹿鸣》和《皇皇者华》中得到印证。这些作品是歌颂天子宴请臣下或贵宾，以及派出或安抚使臣的歌谣。以此为典范，朝鲜王朝的国君们也宴请那些建立功勋的大臣以及身负重任出使的大臣，并作诗赐予他们。这种作法，在安抚臣下的同时，也起到了敦促臣下在学问和文学方面有所建树的勉励作用。

朝鲜时代大部分的国君都善于召开这样的宴会。以好学闻名的国君世宗也是如此。世宗命集贤殿的学者编纂史书《资治通鉴训义》，并在事后宴请了这些学者以表慰问。世宗在对李穑、郑梦周等前朝人物在经学方面的造诣进行称赞时说道："如今为何没有精于训诂（对汉文字句进行解释）之人？儒生不喜诗学之过都缘于寡人对诗学之不尊。若将文学看作是雕虫小技，今后乃至任何时期即便说不曾尊承诗学也无济于事。但前世圣贤无一人不精通诗赋，寡人对于诗学也算有所中意。若上层有喜好诗学之人，人们还会不喜好诗学吗？"并让出席宴会的每一位文臣作诗助兴。

世祖想用诗来振兴儒学。当除掉了在文学艺术方面才能卓越，终日与精通诗书之人为伍的弟弟安平大君登上王位之后，世祖着手培养在经学上而不是文学上的杰出人才，但实际上他培养经学人才所使用的手段恰恰是作诗。世祖曾以成均馆为素材作诗五篇，并让成均馆的儒生们不拘形式，自由选择与儒学相关的题目作诗。他还曾根据《论语》中"敬事而信，节用而爱民，使民以时"的章节让文臣们作诗，并亲自裁定优劣。此外，世祖还曾命大臣们以儒学的核心概念"仁义礼智"为题，作诗上呈御览。正如以上所述，在朝鲜时代，通过"宴会政治"手段来振兴诗学和文学的做法屡见不鲜。

吟风弄月与文字政治

　　观赏美景抒发意兴正是诗的本质所在，因此爱诗之人不会只进行与政治直接相关的创作。对于从小就接受文学素养教育的国君来说，他们自然也想用诗来直抒胸臆。朝鲜王室的血液中流淌着一股艺术热情，如安平大君和月山大君，他们虽没有登上王位，但他们的文学艺术造诣众所周知。在岳父韩明浍的庇护下登上王位的成宗（月山大君的弟弟）也是一位热爱文学艺术的国君。

　　成宗从个人角度为哥哥和岳父作了很多诗。另外，他还创作了要悬挂于西江月山大君的风月亭和东湖韩明浍的狎鸥亭里的诗，并命大臣们对这些诗进行答对，最后做成了非常巨大的诗轴。非文学出身而是儒学出身的"新进士类"们，对此进行了猛烈的抨击。他们认为王身为一国之君，却沉溺于"雕虫小技的文学"之中，实乃危害国政。特别是服丧期间，成宗对月山大君所作的诗中有"船载笙歌意里移"一句，引起了人们对

郑歚《狎鸥亭》，彩锦，31×20cm，韩国涧松美术馆收藏。

年轻成宗的批评，他们担心这会成为后人的笑柄。然而成宗却反驳说为了与明朝进行外交必须要培养具有文学造诣的文人，为此国君理应作诗以作表率。1478年，成宗曾命大臣们以"升平今日醉无妨"为题作诗上呈，足可见成宗是想用诗来展现内心憧憬的太平盛世的。

延续了成宗血脉的燕山君比父王还喜爱诗文。在身为世子的时候，大臣金应箕看到世子燕山君狂傲的态度，还担心这是由于成宗喜爱文学造成的，没想到这种担忧反倒成了事实。燕山君虽然喜爱诗文，但他不像成宗那样看标榜儒学的臣下的脸色行事，而是在戊午士祸¹之后加强了王权，并开始沉溺于作诗和饮酒。

1496年，燕山君在大妃殿举行宴会时命令大臣们以"酩酊归来月似波"诗句为题作诗，并说："每个人都要作，虽然不提性理学而只谈风花雪月不是王的政务，但谈谈也无妨。虽说要敬信节用，爱民如子。但此时此刻爱卿们还是尽情饮酒吧。"在酒席上，燕山君击起鼓来，且歌且舞，并命大臣们一起跳舞，还用自己的脏手脱掉大臣的官帽，抓住大臣的头发来戏弄他们。燕山君还说："自古豪放君王沉溺于风流韵事者不在少数，国家兴亡于此无关。""国家安危取决于臣下是忠是奸。唐朝的祸乱也并非风流韵事所致。""兴清亡清（醉生梦死）"的话正是此时说出来的。燕山君挑选精通音乐姿色出众的妓生组成宫廷乐队，并称她们为"运平"。运平中若有人获得王的垂爱，则被称为"兴清"。燕山君每天就是在这样醉生梦死的环境中尽情享受着酒和诗带来的快感。

燕山君在作诗与品诗上很有造诣，同时也很自负。因此燕山君除了用诗来表现风花雪月之外，也用诗来开展文字政治。戊午士祸之后，燕山君通过赐诗或命人作诗的手段来试探臣下的真心，还以此来决定官位的予夺乃至官员的流放。如他曾以"听信谗言，反目成仇""死于非命"等为题让大臣们作诗。甚至在他听了中国的一些典故时说："皇帝听信妃子谗言而不清查就要废除王侯名份的时候，大臣不顾自身安危执意进谏规

---

1 燕山君四年（1498年）以柳子光为中心的勋旧派针对以金宗直为中心的士林派的文化祸乱。

君臣饮酒赏乐,御笔亲书诗题并命作诗,图为1560年王招待群臣的宴会场景(部分)。《瑞葱台侍宴图》,韩国高丽大学博物馆收藏。

劝的做法是对的,还是爱惜生命顺从皇帝的做法是对的呢?"之后,也命大臣们以此为题作诗。以此来试探曾因废妃尹氏之死而被驱逐的大臣们的想法。

起沟通和解作用的诗学

燕山君的文字政治截止于中宗反正[1]。赵光祖等秉持性理学理念的大臣们掌握政权之后,士林派政治无法容忍国君作诗的行为。辅佐中宗的大臣们刻意把诗与国君隔离开来,主张帝王的学问不是摘取妙句美文来进行文学创作,而是国法规定的以历朝历代的善恶对比、正邪较量为明镜来进行借鉴的创作。特别是士林派逐渐得势之后,利用朝讲或经筵引导国君重视圣学。明宗以后,士林派控制了朝纲,国君在国家的正式活动中作诗的现象已经销声匿迹了。

国君在位期间在正式场合作诗的现象直到肃宗时期才再次出现。这与从肃宗时期开始的愈演愈烈的朝廷党争不无关系。可以说,国君与大臣一起作诗的传统在为了上下沟通的目的下又复活了。特别是肃宗,为了展示驾驭国政的自信而积极进行了诗文创作。他在弘文馆等处饮酒作诗,还命大臣们对诗做答并上呈御览,将这一传统重新开展起来。针对儒生的奏折,肃宗在回复的同时也写御制诗相赐。连那些在士林派得势时坚决反对国君作诗的大臣们也不仅没有提出异议反而交口称赞。御制诗的作用不仅在于君臣间的沟通,甚至还关系到王与百姓间的沟通。也可以说,王通过这种赏赐御制诗的恩荣来安抚效忠的臣民。除上述所提之处以外,肃宗还把自己写的诗刻在木板上到处悬挂,或是刻在石头上,以便更多的人能够看到。足可

---

1 1506年成希颜、朴元宗等废除燕山君王位,拥立晋城大君为王的事件。

见国君对于诗自负到了何种境地。对于肃宗来说，在作为正式场合的大殿之上作诗已成为再平常不过的事情了。

英祖和正祖便继承了肃宗这种为了君臣沟通而积极作诗的传统。对于经历过激烈党争并下达荡平策的英祖来说，诗也是重要的统治手段。英祖即位没多久，便开始在任命官员职位的时候饮酒作诗，并让臣下对此作答，试图用"御制"的恩荣来加深君臣之间的情谊。大臣告老还乡时，英祖也总是赐诗以慰问他们的功劳。对于深夜一起学习的大臣，英祖也赐诗来巩固私人感情。当大臣不支持自己的观点的时候，英祖则在赐予他们的诗中慷慨陈词，用这种方法来保障自己意见的贯彻实施。

在势力强大的大臣的压制下登上王位的正祖也是积极地利用作诗来巩固与亲信大臣之间的关系的。被称为正祖时期一大盛事的《太学恩杯诗集》正是在这种想法下编辑而成的。这本书是1798年正祖亲临成均馆监考时，将《诗经·鹿鸣》中的"我有嘉宾"诗句写在银杯之上赏赐给臣下并作诗后，连同249名成均馆儒生与33名大臣所上呈的诗合并辑录而成的。向臣下赏赐酒杯的传统始于太宗，世宗也曾将名为"白樽画钟"的酒杯赏赐给大臣们，大臣们争先恐后地作诗来歌咏此事，赐杯作诗这种做法于是成为了一种惯例。还有孝宗，他在针对成均馆儒生上呈的诗句进行回复时也赏赐过两只银杯。正是源于这些传统，正祖在御用银杯上刻下了《鹿鸣》这首象征国君与臣下相互沟通的诗歌。其政治用意显而易见。

正祖还经常与亲信大臣们进行联句。《弘斋全书》中收录了很多联句也正是来源于此。在诗的发展历史中，联句这种形式是为了促进君臣间的良好沟通而产生的。汉武帝就曾与大臣们一起接句对诗,共同进行过诗歌创作。这种对诗活动就被称为联句,根据进行联句的筵席的地点将这种文体称为"柏梁台体"。朝鲜初期,太宗等国君都曾与臣下一同进行过联句,但到了对国君作诗持否定态度的朝鲜中期,联句活动几乎销声匿迹。直到肃宗年间联句活动才又逐渐多了起来。正祖也同样在即位之前就曾与辅佐自己的徐命膺、吴载绍等亲信们进行过联句,即位之后,正祖也通过进行联句这种形式来与奎章阁的大臣们共同进行诗歌创作,从而促进君臣之间的良好沟通。

奎章阁收藏的肃宗御笔

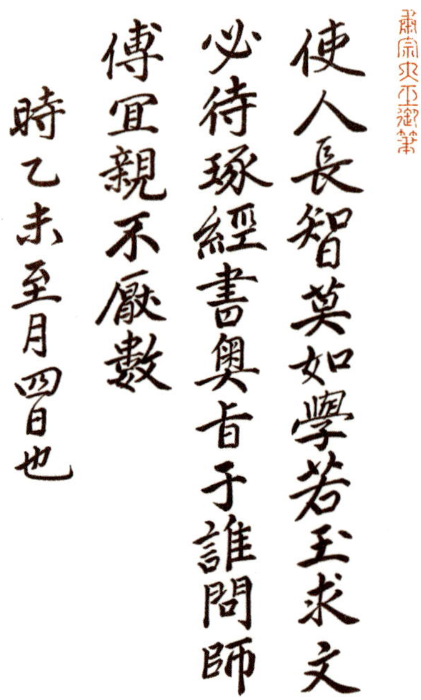

使人長智莫如學若玉求文
必待琢經書奧旨于誰問師
傅宜親不厭數
時乙未至月四日也

使人长智莫如学,若玉求文必待琢。
经书奥旨于谁问?师傅宜亲不厌数。

图中的文字是肃宗于1715年十二月四日亲笔所书。朝鲜王朝的国君们作为具有良好素养的文人,也用诗作来抒发与政治无关的个人情感。不过,国君们虽然可以像文人一般吟诗作对,但由于其地位的特殊性而无法随心所欲地吟风弄月。因此在国君们的诗作中,警示性的诗句比较多。图中的诗句告诉人们,对于智慧的养成来说,最好的方法便是求知,正如美玉的制作需要精雕细琢一样。这句话是劝诫人们为了求知要亲近师长、勤于提问。肃宗不仅精通诗文,其书法也出类拔萃。

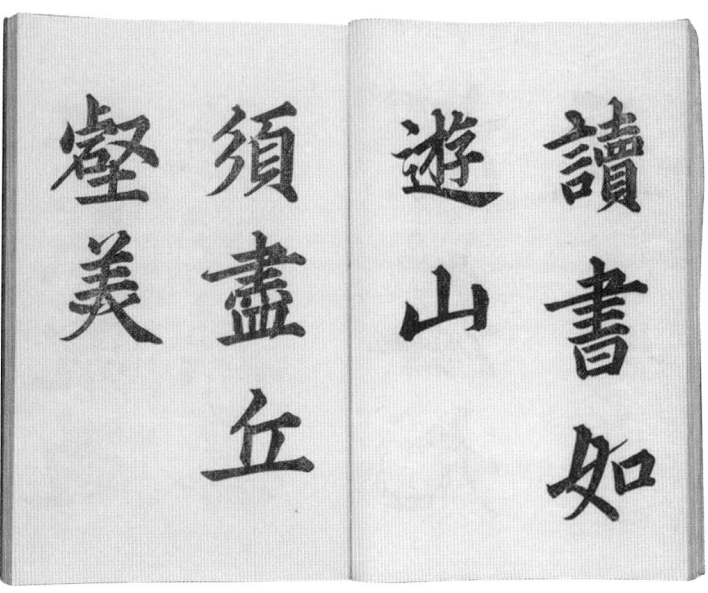

王的统治之学,
帝王学

从贞观政要到圣学辑要

郑在薰・首尔大学人文学研究院 HK 研究　教授

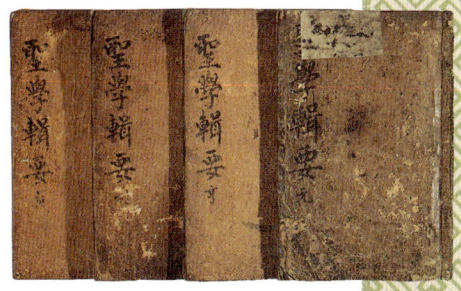

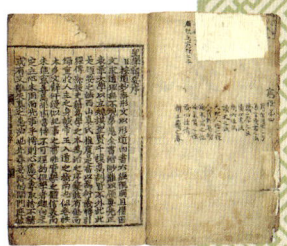

从僧人变成儒士的国君之师

朝鲜王朝国君是如何进行学习的呢？在王的眼中重要的学问和书籍有哪些呢？这些都是人们喜闻乐见的话题。虽然笼统地看，朝鲜王朝国君一般都与死板教条的儒学经典联系在一起，但人们不禁会好奇是否存在一本参考书或是作为标准的治国学问来具体地约束王的行为呢。

即使是作为朝鲜时代最高统治者的王也无一例外地要根据当时的价值观念接受教育。而针对于王的价值观标准则更为严格。原因在于为了让普通的百姓能够通过王的言传身教来学习礼仪，王的言行必须达到同时代的最高水准，才能以身作则，正身率下。

在高丽时代，教育国君的王师或国师是佛教僧人。佛教是高丽王朝的国教，也是最高的国家理念，因此自然而然会

《成均馆亲临讲论图》，纸质彩图，111.4×49cm，19世纪末，韩国高丽大学博物馆收藏。此图描绘了王亲临现场，视察儒生们的学习情况，并讲授课程进行问答的场景。

世宗与集贤殿学士们进行学术讨论的集贤殿（现景福宫修政殿）。

采取这种做法。而朝鲜在推翻了高丽王朝，易主江山之后，便将佛教拉下了王位的神坛，采用了当时具有革新性和实用性的学问性理学作为立国之本。王师或国师曾经担任的职责则由儒士来代替。在处于新旧王朝过渡期的太祖和太宗时期，也曾经让僧人担任过王师。但世宗以后，僧人就再未承担过思想指导者的职责。为了巩固性理学的地位，朝鲜时代延续了高丽时代的经筵制度，并将其进行调整后正式施行起来。

朝鲜时代的经筵是王钻研学问、讨论国事的场合。正如"经筵"这个词本身所提到的一样，经筵之上首先要熟读和掌握儒学经典的内容，然后才能附带着讨论国家重大事务。而王针对国家事务做出裁决之时也总是要以儒学经典为依据。

也就是说，展开讨论的内容是儒学经典所记载的处事原则如何在现实中进行操作的问题。

不仅仅是王，登上王位之前的世子或其他王子们也包含在这一朝鲜时代特有的性理学教育体系中。特别是世宗年间，作为学术研究机关的集贤殿自然而然地承担起经筵的运作事宜，并在王子们的教育中承担了重要角色。

正是因为是由儒士来对王进行教育，因此学问的范围一般都在性理学的框架之内。但有些时候，王出于个人爱好，也会将与性理学相差甚远的其他学问列入到帝王之学的范畴之内。如研读兵书、关注《周易》一类讲述变化原理的书籍等。甚至有如世祖，还曾废止经筵，亲自教导群臣。这种做法完全背离了经筵的初衷。不过像这种违背原则的国君也不过是昙花一现而已。

从《贞观政要》到《大学衍义》

高丽末期传入的性理学是一股新兴的思潮。当时占主导地位的佛教思想作为现实中的统治理念具有一定的局限性，高丽时期的儒家思想除了培养文人之外也发挥不出其他作用。正是在这种情况下，性理学的传入成为至关重要的事件。

性理学将以往在以国君为中心的政治体制下满足于辅助角色的士大夫们推到了政治的前沿。与此同时，也将作为最高统治者的王以性理学的理念塑造成为圣人国君。传统儒学理念中的"内圣外王"观点也在性理学的指导思想下被进一步细分与强化。

这种新型的统治理论的形成与在性理学的影响下发生改变的天命论不无关系。性理学产生之前的君主,拥有以汉唐时期的儒学为根基的绝对化的权利。而在性理学的统治理论中,君主则走下神坛,成为需要不断完善自身修养的人性化统治者。国君不再是神的代言人,而是人民的领导者。而这种人民的领导者还需要不断提高素养才能名副其实,这就是性理学所谓的天命论。

在高丽时代,为进行国君教育而举行的经筵向来以诵读《贞观政要》为主。这本书由中国唐朝的吴兢所著,以问答的形式辑录了唐太宗与亲信大臣就实行的政策或制度的利害得失进行的议论。作为记录了有圣君之誉的唐太宗功绩的书籍之一,《贞观政要》的特征在于将皇帝定义为拥有绝对权力的统治者,而臣下的职责在于尽心辅佐皇帝,并在必要的情况下向皇帝进言以保证其不误入歧途,或引导其步入正轨。

为了"御君有方",自封为"家长"的性理学家们自然不会满意于《贞观政要》所设定的权力结构。在《贞观政要》的理论体系下,只有当国君昏庸到指鹿为马的境地时臣下才会出面制止,可见用这种理论是无法把国君培养成为圣人的。

性理学为作为最高统治者的国君制定了一套颇为周密的计划。具体内容就在《大学衍义》之中。《大学衍义》由朱熹的再传弟子真德秀(1170~1235)为阐释《大学》之义而著,按照《大学》的顺序列举了历代帝王的实例以作为帝王学的参考。

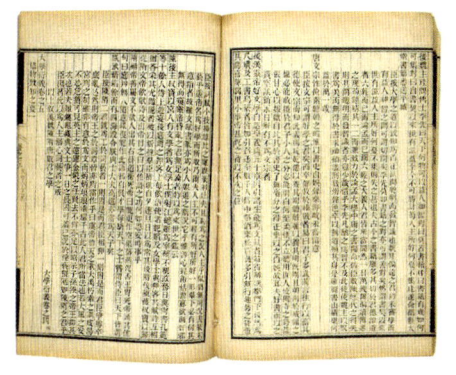
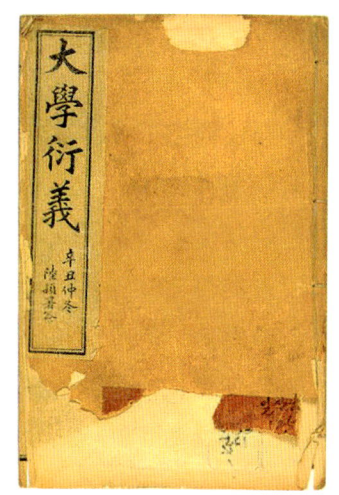

被称为帝王学教科书的《大学衍义》。

《大学衍义》分为格物致知、诚意正心、修身、齐家等纲目，一一列举了各个朝代的史实，指导国君以史为鉴提高素养。这样才能最终实现"治国""平天下"的政治愿景。

具有上述内容的《大学衍义》于高丽末期传入，在新生文人阶层的推崇下成为国君教育与政治思想的指导书籍。从高丽恭愍王[1]时期开始，该书成为经筵上使用的教材。朝鲜王朝成立后，该书从太祖时期开始成为必备的帝王学教材。曾经作为帝王学传统教材的《贞观政要》则从那时起退出历史舞台。换句话说，帝王学的基本教材从追求权力的"霸道"变成了追求伦理的"王道"。

1　第三十一代高丽王。

以圣人眼光寻求贤明臣下：《圣学辑要》

朝鲜前期的国君们所拥有的权力都非常大。这是因为在整顿前朝的种种混乱现象并保障国家的正常运行时需要建立井然有序的制度来肃正风气。另外，为了尽快安抚地方涣散的民心，国家也需要建立强大的中央集权制度来解决各种问题。综合以上各种因素，朝鲜前期的国君们才能够行使强大的政治权力。

特别要指出的是朝鲜完全是处于官僚阶层的控制之下的，这与中国以官权和宦权为支撑的皇权有所不同。朝鲜时代的宦官们被囚禁于深宫之内，儒家特有的君臣体系占据了支配地位。能与王正面接触的人只能是接受过教育的儒家学者。这种特点也如实地反映在帝王统治之学中。

正如前文所述，《大学衍义》是辑录明君典范的帝王学教科书。但该书具有以君王为中心展开各项政治活动的特征。由此可见当时的社会环境多少有些强化君权的倾向。

如《大学衍义》中被着重提及到的"辨人才"部分，在讨论甄别人才的方法时用较大篇幅论述了对祸臣、奸臣、谗臣等的区分。当对话的主题对自己一方不利时，权力难免向另一方倾斜。从群臣关系的角度来看，当时的大臣们的任用完全是王的一家之言。

《大学衍义》要求君王通过对性理学"心学"的虔心修炼而最终成为一代明君，并以此来制约君权。但另一方面《大学衍义》中提出的"圣学"又成为君主个人修身养性的理论。只不过所涉及的内容很少。其余的部分则通过列举包括汉唐两朝在内的历史事件来提出政事的处理方案。汉唐两朝的皇帝具有凌驾群臣的权威,因此《大学衍义》也可以看作对最高统治者在某种程度上的权力保障。

《大学衍义》的如上特征与朝鲜前期强大的王权在某种程度上相契合。因此会在经筵上对《大学衍义》中提到的具体实例进行了解,并将其应用到实际的政治决策中去。以朝鲜前期影响历史进程且层出不穷的功臣为例,他们主要都是王为了增强亲信势力而进行册封的,强大的王权为此提供了保障。简而言之,大臣们并非按资排辈级级高升,凭借王命一步登天的情况非常多。

但是朝鲜前期以强大的王权为中心而运行政治体制很快就显现出了其局限性。勋旧派的统治所带来的各种政治经济弊端引起的重重矛盾几乎把国家推向灭亡的边缘。为了寻找平息混乱局面的对策,士林派登上了历史舞台。以今天的眼光来看,士林派相当于牵制总统的国会在野党,而勋旧派则相当于辅佐王的青瓦台及核心政府部门的工作人员。士林派是独立的政治力量,而勋旧派是依存于王的非独立政治力量。士林派与勋旧派最终不可避免地发生了一次激烈的正面冲突,导致了"士林之祸"。这场政治斗争最终以士林派的惨败而告终。

这次动荡也给帝王学带来了一些变化。士林派为了扭转失败的局势,开始对现行政治体制进行深层反思。呼吁回归到朱子性理学的根本上去,并构想了一个建立在性理学基础上的新型政治模型。还把有关最高统治者国君的学问定义为"圣学"。此"圣学"相对于原有的"圣学"概念来说既有千丝万缕的联系又有大相径庭的差异。

以往的儒学政治的理想状态是像夏商周三代盛世所表现出的王统与道统相统一的状态。在儒家学者的眼中，王统与道统的背离会导致矛盾的产生。因此进入朝鲜中期，王统与道统的融合与修复成为当务之急被提上日程。在这个过程中，中国所起到的作用很大。宋代的性理学家们声称要将分离的道统与王统重新联接起来，并编辑出版了可作为教材的帝王统治学类书籍。因此，为了振兴儒学之邦，朝鲜国君的教育再一次被强化了。

前文提到的《大学衍义》中提到的圣学只是针对国君的学问。而新兴的圣学按照道统的标准在约束国君的同时也约束百姓。任何人都可以通过学习性理学而成为圣人。从这个角度来看，新兴圣学具有一定的民主思想意味。从此，王不能只注重自身的言行，也要对端正百姓的言行负责。简而言之，如果说《大学衍义》允许王穿正装不打领带，那么朝鲜中期出现的新兴帝王之学则要求王穿正装必须配领带。朝鲜中期对性理学精髓领悟至深且颇有见地之人当推退溪李滉和栗谷李珥。他们的《圣学十图》《圣学辑要》在圣学理论上影响深远。

当士林派完全把持了中央政权之后，李珥将《圣学辑要》敬献与宣祖，请求将其作为帝王之学的准则。这是士林派为了取代《大学衍义》而精心策划的。《圣学辑要》完全摒弃了《大学衍义》的君主中心论，代之以士大夫心目中的君主形象。并明确表明，国君，即朝鲜王朝的王，也无法凌驾于性理学的准则之上。

换句话说，《圣学辑要》并不倡导"尊君"思想，而是将

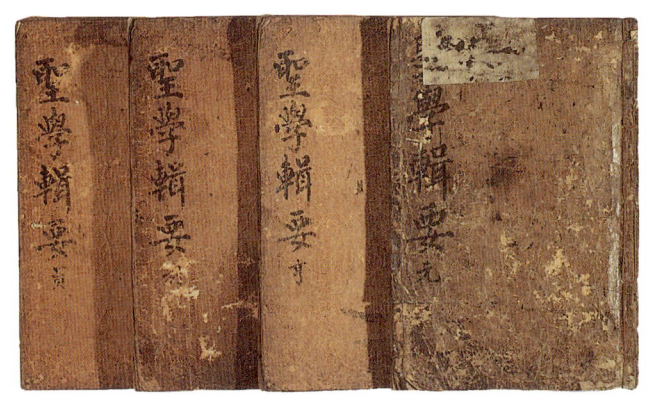
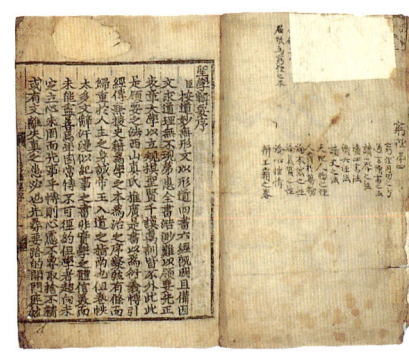
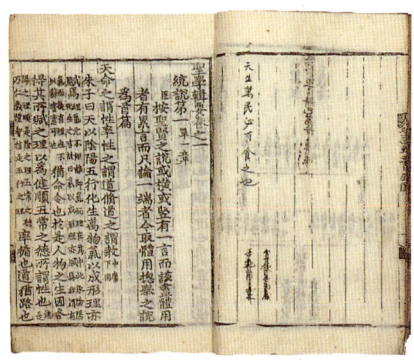

朝鲜中期曾作为帝王学教科书的《圣学辑要》。

君主也看作士大夫的一员,并赋予其实现士大夫政治理想的责任,还要求其遵从士大夫的价值观念。也就是说《圣学辑要》并不是限制了君主的一部分权力,而是将君权的行使范围从根本上进行明确的定义,从源头上防止了君权的滥用。因此可以说,相对于《大学衍义》中对君权的限制,《圣学辑要》中对君权的理解完全是处于不同的层面了。

《圣学辑要》中提到的帝王学是按照立志→求贤→委任的框架来进行论述的。据此，王首先要立志成为圣人，通过虔心修行来培养圣人的人格，然后用圣人之慧眼来识别贤明之能臣，最后，也是最核心的环节，就是王把国事委任给这些大臣，并把他们当成自己的左膀右臂。这种圣学论实际上是已卯士林之祸以来士林派一直追求的帝王学核心思想。该理论也成为朝鲜中期朋党政治得以实现的前提。不仅是朋党政治，由士林派左右政局的山林政治的登场也具有立足于圣学论的帝王学背景。这是因为大部分情况下都由士林派来担任王在世子时期的老师。

　　随着圣学论的提出，朝鲜中期的国君承担了遵从圣学的义务。不仅要一丝不苟地出席经筵，还要参加针对前一个月学习内容进行检验的小测验。而考试合格的标准自然也更为严格。此时，朝鲜初期曾作为国君礼仪的"讲武[1]"已经不存在了，甚至书法、绘画等艺术创作也被冠以影响国君修行的罪名受到了限制。

正祖的帝王学《大学类义》

　　朝鲜中期针对国君的圣学实际上是一种来源于中国的政治思想理论。具体说来，是在由朱子性理学进一步发展而成的朋

---

[1] 朝鲜时代，由国君召集将领、士卒、百姓一起进行的狩猎活动。

党政治论的基础上形成的帝王学。中国的宋代也曾将朋党论的理论付诸于实践，但经过元代和明代，皇帝完全掌握了权力，儒学的圣学论也与现实渐行渐远。虽然在元明两代《大学衍义》也被人们所熟知，但其与性理学的帝王形象还有距离。

相比之下，《大学衍义》于高丽末期传入之后，朝鲜本土却发展出了比《大学衍义》更为强大的限制君权的理论，并且这种理论被更为强势地贯彻到了实践中去。在这种形势下朋党政治得到了蓬勃发展，但由于政党间的过分对立反而又让人们对于朋党存在的合理性产生了怀疑。朋党之争最终的结果是一旦某一派完全掌握政权，王只能在危机感的迫使下实行不偏不倚任用官员的中立政策。

在寻求政治中立的肃宗之后，英祖和正祖试图亲自把控一向以大臣为重并由大臣们主张的性学论。他们并没有依赖大臣，而是自己制定了将王统与道统统一起来的核心内容与实行方法，并亲自在"展示板"前面向臣下宣告要将王统与道统统一起来。这就是所谓的"君师论"。负责王统的国君亦兼管道统，并以三代国君之比肩而自居。由于政治上与学问上的实践环节直接操纵在王的手上，因此臣下的地位又从评价主体变回了评价客体。中立策略则成为了让王凌驾于群臣之上的制度性政治。

帝王学的这些变化都反映在正祖时期编纂而成的《大学类义》这本帝王学教材之中。该书由记录了《大学》中的帝王学并补充了性理学帝王形象的《大学衍义》与侧重于国君主导型政治体制的《大学衍义补》合编而成，是正祖的帝王学的代表之作。这些都是处于朝鲜中期的正祖在臣下所期望的性理学帝王形象基础上，增加了作为国君所应具备的形象，为成为"君师"而作出的努力。

◎

朝鲜虽然声称是诸侯国，不同于君权至上的中国，但最高统治者应该掌握的儒学素养或是性理学理念等都与中国大同小异。朝鲜帝王学的历史就是王统与道统、王权与臣权、朋党与朋党等的盘根错节的历史。

不过，有关帝王学的各种问题并不仅仅局限于统治阶级内部，从积极的方面来看，围绕如何治理国家、主导阶层如何界定等问题，人们也进行过思考。正是因为有了这种思考，百姓的生活也在帝王学的发展过程中受到了一定的影响，某种程度上还可以说得到了不少改善。

王的居所，王宫

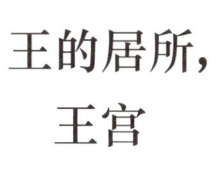

用建筑构建的性理学修养之所

张志连・京仁教育大学社会教育系　讲师

王宫是王居住和工作的地方。也就是说王宫不仅是王作为常人进行日常起居的场所，同时也是王作为统治者开展政治活动的场所。但这两种场所并非泾渭分明，尤其是在以性理学为立国之本的朝鲜王朝，与其说两者无法截然分开，不如说两者必须密切关联更贴切。即使是作为常人，王的各种活动也都是带有政治色彩的。那么，在朝鲜时代的王宫之中，国君们是如何生活又如何开展政治活动的呢？朝鲜王朝王宫与我们想象中的样子有多少是大体相似，又有多少是相去甚远呢？

诞于宫中的国君有多少？

　　朝鲜时代的代表性王宫有五处，即作为法宫[1]的景福宫，

1　法宫，王的居住之处。

云岘宫是高宗出生并生活到十二岁的居所。王即位之前生活过的地方被称做"潜邸",潜邸一般被改建成别宫,具有代表性的如仁祖的于义宫和孝宗的龙洞宫。别宫既是王室准备嘉礼的场所,也是供拣择合格的王妃或王世子妃暂住、准备并执行嘉礼的场所。高宗的王妃明成王后就是在云岘宫老乐堂进行了第三轮拣择,并举行了嘉礼。

被称为东阙[1]的离宫[2]昌德宫和昌庆宫,被称为西阙的庆熙宫,以及现在被称为德寿宫的庆运宫。这五所王宫同时存在的时间只有十几年。若要让这五处王宫同时存在,首先壬辰倭乱[3]中遭遇火灾直到朝鲜后期还是一片废墟的景福宫在高宗时期要得到重建,其次时间上要在俄馆播迁(1897年)[4]后庆运宫得

1　东阙,因昌德宫在景福宫东面而得名。
2　离宫,世子的居住之处。
3　壬辰倭乱,指1592年～1598年日本两次侵略朝鲜的祸乱。
4　1896年2月11日至次年2月25日,朝鲜王朝君主高宗李熙率领王族从日本控制的王宫逃至俄国驻朝公使馆的事件。

到扩建之后，以及20世纪初为设立日本人中学而破坏庆熙宫之前，因此至多只有十余年的共存时间。

不过，更令人匪夷所思的是27位朝鲜国君中，居然只有14位诞于上述这五所王宫之中。事实怎会如此呢？国君如果不是出生在王宫之中，那会出生在何处呢？

这个疑问会随着对朝鲜时代国君们的各个方面进行深入探究而得到解答。朝鲜初期的国君们——太祖、定宗、太宗均出生于咸兴。而第一位出生于朝鲜首都汉阳的国君是世宗。国君们没有出生于宫墙之内原因在于，他们的父亲或者不是国君，或者至少当时还不是国君。信手拈来的例子就有宣祖、仁祖、哲宗、高宗等等。这些国君都诞于私邸，而国君的诞生之所怎么能置之不理呢，自然会在日后被改建为别宫与一般的民宅区分开来。最具有代表性的就是高宗出生的云岘宫，那也是高宗的父亲兴宣大院君曾居住过的地方。

包括别宫在内，宫的种类与用途非常之多。除了像景福宫、昌德宫那种供国君日常生活和处理国事的王宫以外，还有与国君有关的一些场所也被赐以宫名，用以将其与一般民宅进行区分。此外，为逝者而建的祠堂也被称为宫。如思悼世子的祠堂景慕宫、英祖母亲的祠堂毓祥宫。因与王室相关而被赋予宫名提升规制的宫殿不在少数。

让我们再次回到朝鲜国君的出生地话题上来。上面列举的一些国君虽然诞于私邸，但至少还是在朝鲜的国土之内。而朝鲜国君中还有诞于外邦的特例，那就是显宗。显宗是在其父凤林大君被清军带到沈阳时在当地出生的[1]。按照现在的属地法来看，显宗都算不上是朝鲜王朝的人了。

虽然诞于宫中的国君在数量上只有一半，但从肃宗到宪宗，朝鲜后期的国君们大部分都是诞于敬德宫（庆熙宫）、昌庆宫或昌德宫。朝鲜景宗就诞于昌庆宫就善堂，景宗之母张禧嫔被人们称作就善堂娘娘，其原因就在于她大部分时间都生活在就善堂。由此可知，王室产房无明确指定，而是依据当时的环境等各种因素选取合适的地方，并在王子王孙即将诞生之际设立临时的产室厅来保障他们的顺利降生。

有人几乎出生时就被赋予了君主的命运，有人则阴差阳错地成为一国之君，也有人靠自己的力量谋得王位。这些人的出发点虽然不同，但成为国君后要做的事情却如出一辙。本节重点讨论一下在以性理学为根基的社会中，成为国君意味着什么。首先对王宫宫殿殿名中蕴含的性理学为君之道进行梳理，然后再针对这些理念在宫廷中的礼仪化延伸做进一步陈述。

性理学成君之道：康宁殿与思政殿

景福宫有三大主殿。即王的寝殿康宁殿、便殿思政殿、正殿勤政殿。请记住这三大殿的殿名，因为正如家族同辈名字中

---

[1] 朝鲜王朝第18代王李棩的父凤林大君于1641年作为人质被清军带到沈阳，1644年清朝入主中原后李棩随父回到祖国。

康宁殿：景福宫寝殿，王曾经居住过的地方。建于1395年（太祖四年），由朝鲜王朝初期文人郑道传拟定殿名。康宁是五福之一，用殿名来反映国君必须遵从的理想政治理念，体现出了儒家的思想。1553年（明宗八年）毁于火灾，并于次年得以重建。1592年壬辰倭乱之中烧毁的部分于1865年景福宫重修之时得以复原。

思政殿：景福宫便殿，正五间侧三间的八角殿脊多包阶式建筑。建于1867年（高宗四年）。思政殿建于思政门之内，立柱比院内地面略高，四面的墙柱之间不用土壁，而只采用四分阁的采光窗和门。建筑是采用"内外二出目"的拱包装饰。殿脊两边排列着鸱尾、龙头、杂像等脊兽。

的范字一样，其他王宫中的殿名也依此而定。除了寝殿，朝鲜王宫的便殿和正殿都是以"政"字为范字的[1]。如昌德宫是大造殿－宣政殿－仁政殿，昌庆宫是通明殿－文政殿－明政殿，庆熙宫是会祥殿－资政殿－崇政殿。

寝殿、便殿、正殿中最重要的是哪一个呢？这样的问题其实毫无意义。就寝的空间必不可少、开展政治活动的便殿不可缺少、举行庄重仪式的正殿不可缺少，少了哪一个，王宫都不能称其为王宫了。

那么换一个问法吧，这三大殿中哪一个最具有朝鲜王朝特色呢？

无论是朝鲜时期还是高丽时期，无论是在韩国还是在中国，都有类似勤政殿这样的举行仪式的地方，以及开展国家政治活动的地方和统治者就寝的地方。以此来看，任何时代任何社会中的王宫都千篇一律。但事实并非如此，时代和社会不同，表面上看起来如出一辙的事物也必然会打上时代的烙印。宫殿也是如此，最具有朝鲜王朝特色的正是便殿。

正如前文所说，便殿是开展政治活动的地方。这里不仅是国君和大臣们会见并商讨国事的场所，也是开展经筵等君臣共同学习活动的场所。不过实际上，上述活动不仅仅在便殿进行，天气寒冷时也可能去比较暖和的房间商议国事，天色昏暗时也可能换一处比较明亮的地方。不管哪个时期都会如此这般便宜行事。

---

1 额外再补充一点，正门的名字都是以"化"字为范字的。原注。

但是，在高丽末期朝鲜初期，儒家官吏们却曾经热切地期望王能够在便殿这种正式的场所开展政治活动。这是因为在元干涉期[1]，国君们将少数近臣带至深宫密室随意决定政事的情况不胜枚举。因此大臣们强烈主张政事不要在密室中进行而是要在正式的场所公开进行。当时大臣们提到的那个场所就是便殿。

不过，公开商讨政事并不是唯一重要的事情，官吏们认为国君学习治国之道更为重要。即国君应该与老成炼达、博学多才的大臣为伍，通过学习提高自身素养，努力成为一代明君。您觉得国君学习学问是必须的吗？当然不是。这个问题只有在以性理学为根基的社会中才会显得至关重要。在此之前，不管是在中国还是在韩国，虽然国君的先天资质和后天教育也得到了重视，但对于国君来说，最为重要的还是要具有神圣的皇室血统。因此，唐朝皇室主张自己是老子后人，宋朝的皇帝们也尊道教的元始天尊为先祖。韩国三国时代的君主们不是诞生于蛋中就是来自上天，高丽的国王们则以龙子龙孙自居。

而性理学社会并不主张上述这些说法。人们虽然不否认与生俱来的等级差别，但是却相信人性本善，任何人都可以通过后天的努力成为圣人。因此，即使是君主也必须通过认真的修行来发扬善良的本性。朝鲜时代初期，公开商讨政事的时代要求与性理学君主修行观被加以强调，而便殿就是被选中来体现这种观念的场所。正是由于这个原因，便殿可以说是最具有朝

---

[1] 元干涉期，指的是元朝对高丽内政进行干涉的时期，从高丽第二十五代王忠烈王到高丽第三十一代王恭愍王统治初期这一段时间。

鲜时代特征的场所。

那么修行要如何进行呢？那就要与优秀的大臣或学者一起努力学习，采用《大学》中规定的"格物致知"的学习方法。这种修行在制度上的体现就是"经筵"。

朝鲜时代的便殿就是在这种意义下出现的。为景福宫所有宫殿拟名并释义的学者郑道传在解释便殿思政殿殿名由来时说过，要领悟天下之道就要"思"，即研精覃思。也就是说在这里要决定国家的所有事务，因此务必要深思熟虑，慎之又慎。思考是修行之根本，将举行经筵的场所拟名为"思"真可谓再恰当不过了。

那么通过学习就能完成修行吗？答案是否定的。性理学认为比格物致知更具根本性的是"诚意正心"。即启发自身的天资，为更容易吸收学习内容打好基础。体现这种含义的宫殿正是康宁殿。

正如前文提到的，康宁殿是王的寝殿，即国君能够舒适休息的地方。在这样的空间内为什么还要端正内心呢？正因为这里是可以舒适休息的地方，才更要自省。"康宁"的意思就是"舒心"，是"五福"之一，选择"康宁"就包含了五福的含义。那么殿名定为康宁就可以舒心吗？郑道传认为国君端正心思，成为道德表率的话，就可以享用五福了。那么这种说法为什么要用在寝殿上呢？这正是因为寝殿是独处之所。人们想做坏事时，如果有别人在场便会犹豫退缩。真正能成为问题的恰恰是人在独处之时。如果不在乎别人的眼光，做事就会随心所欲。

> 然所谓正心修德,在众人共见之处,亦有勉强而为之者。在燕安独处之时,则易失于安佚,而儆戒之志,每至于怠矣,而心有所未正,德有所未修,皇极不建,而五福亏矣。(郑道传,《康宁殿记文》)

正因为如此,越是在像寝殿这样避开人们视线的地方,就越是要端正自己的内心。这就是郑道传为寝殿拟名为康宁殿的原因。

由此说来,康宁殿和思政殿的关系是密不可分的。国君要在康宁殿诚意正心,在思政殿格物致知以达到修身的目的。也只有通过修身,国君才能最终治国平天下。在性理学社会中,修身与治国并不是独立分开的,而是相互连接的。在比任何时代都要严格地要求国君学习、要求国君与臣下沟通的朝鲜时代,国君一意孤行或者密会近臣都是不被允许的。朝鲜时代后期随着"山林政治"[1]的活跃,大臣之间的公论开始得到重视。便殿的作用则更为专门化,细分为举行典礼以及会见大臣的场所。便殿中备下了地热设施,并选择建在凉爽的地方,形成一个国君与臣下舒适并公开会见的空间。

---

1 山林即士林,指的是学识渊博、德高望重却没有官职、隐居于世的士人,是"山林宿德者""山林读书之人"的简称,他们是朝鲜时代朋党政治的精神领袖。朝鲜时代的山林士人接受国家召唤,享有特别待遇。

典礼的中心：便殿和正殿

典礼很容易被理解为仅是一种形式上的权力表现。也就是说，典礼就是粉饰权力的活动。但是在传统社会中，典礼与政事是无法截然分开的。特别是当人们接受了君权神授的理念之后，典礼就成为实现权力的重要媒介。因此，典礼在实际上创造出了权力并将其合法化，进而建立让人们自然而然地接受以王为统治者的社会等级制度的体制。

因为上述原因，王宫中举行典礼的正殿具有举足轻重的作用。虽然正殿不是王日常居住的宫殿，但是在正殿举行的典礼却是君君臣臣、顺天行事的象征。

景福宫的勤政殿和昌德宫的仁政殿等就是举行典礼的场所，那里用回廊围起来的宽敞庭院正是狭义上的"朝廷"。在这里举行的典礼中具有代表性的就是朝会。从世宗时期开始，朝会在级别上虽然有所不同，但按照规定为每日举行一次。其中规模较大的朝会日期有新年伊始的一月一日，因阴由盛而衰、阳由衰而盛发生转折而受到重视的冬至，以及每月的初一和十五。这些日子的选定，都是在天道发生较大变化的时候，受命于天的君主为了顺天命行人道而进行的形式化政治活动。在举行这些朝会时，官员们要上呈致词等，因朝会规模较大，也被称为大朝会。

不仅是朝会进行的时间很重要，朝会进行的空间正殿也同样重要。虽然"视事"，即处理政务不一定非要在便殿，但朝会却只能在正殿进行。尤其是规模盛大的大朝会更是如此。因

《戊申年进馔图》中的《仁政殿陈贺图》，韩国国立中央博物馆收藏。1848年（宪宗十四年），为纪念纯元皇后（纯祖王妃）的花甲寿辰以及神静王后（宪宗生母）的四十一岁寿辰举行了进馔礼。描绘了此次进馔礼的《戊申年进馔图》为八幅屏风，其中《仁政殿陈贺图》活灵活现地展现了仁政殿陈贺的场景。正如画中所示，仁政殿等王宫正殿就是举行这种大规模朝会或陈贺典礼等的场所。

为正殿不仅是举行典礼的神圣场所的中心，从功能上来看，也具有能够容纳众多参与者的广阔空间。

如果说正殿和其前面的庭院是举行典礼的场所，那么便殿就是为此做准备的地方。国君先驾临勤政殿，坐等群臣不成体统；礼仪结束后在勤政殿坐观大臣们出门的背影也不成体统。威严的国君要在众人一切就绪翘首企盼中登场主持朝会，再等典礼结束后先行移驾，这样才符合规矩。因此，便殿就成为必需的空间。便殿虽然用于处理政务和举行经筵，但在正殿举行典礼之时，便殿也作为备用场所与正殿配合使用。

那么，举行朝会当天，王与大臣们是如何行动的呢？他们的位置都按照级别排列得井然有序。勤政殿殿内正中的位子是王的，王世子的位子在殿庭，即勤政殿庭院的东面。殿庭中间的路，即御道的东边是文官，西边是武官，而且官员们的位子按照品级来排列。现在勤政殿、仁政殿等宫殿的庭院中还保留着品级石，这表示的正是朝会时文武官员排列的位子。此外，庭院的周围及门外还整齐地列有演奏乐器的人以及举着华丽彩旗和仪仗武器的人。

举行朝会的当天凌晨，大臣们整齐有序地聚集在勤政门外，以永济桥为基准，西边是王室宗亲及武官，东边是文官。其中，二品以上的官员处于永济桥和勤政门之间，时辰一到，他们便按顺序进门找准自己的位子。大臣们按班就坐之时，王穿好冕服在思政殿暂作停留，等鼓过"三严"[1]，王便乘坐无盖的轿子

---

1 国君移步之前擂鼓三次。

"舆"行至勤政殿西侧，下舆并登上王座。从思政殿到勤政殿的路程很短，但王必须乘舆而行，这是尊严的一种象征。举行典礼时，王在王宫内的行动都要乘舆而行。而王出宫时则要乘坐有盖的轿子"辇"。王是无法随心所欲地行走的，虽然这并非有益健康。

朝会结束后，很多时候思政殿内也随即进行视事。另外，日常朝会"常参仪"也并非官员全员参与，而只是以一部分官员为中心进行。由此可见，虽然已经有日常的朝会，但在思政殿也会进行类似朝会的活动。

虽然思政殿并不用来举行朝会，但也可以成为举行与朝会无关的其他典礼的重要场所。那就是王宾天之时的殡殿。王一般不会突然辞世，而是患病一段时间才撒手人寰，因此宾天的地点也有所不同。但王的殡殿却有统一的规定，即以思政殿作为殡殿。当然在昌德宫中相对应的殡殿就变成宣政殿了。

综上所述，思政殿和勤政殿，即便殿和正殿是以君主为中心进行的典礼的核心场所，是象征顺天道行人道的天命执行者王的空间。

出宫之时王乘坐的辇，韩国国立故宫博物馆收藏。

王何时才能够独处

正如前文所述，典礼并不是随时随地进行的，而是有规定的场所。而且寝殿康宁殿包含着修炼心性的含义。

从这些规定来看，王无法随心所欲地停留在任何地方，甚至连拥有个人空间的权利都没有。《承政院日记》等材料首先记载的都是王所处的位置，这是因为王的举手投足都备受瞩目，王所处的位置至关重要。此外，从康宁殿殿名的含义中也可以看出，朝鲜国君的个人私密空间是不被允许的。在重视隐私的现代社会，同一个屋檐下的父母如果要进入子女的房间都要敲门。但朝鲜国君却享受不到这种待遇。王是道德表率，有什么是需要隐藏在秘密场所之中的呢？从这一点来看，王的一切都应该是公开的。顺承天命、依据天道的自然运行而行使人道的君主理当如此。

因此，王突然造访某个小宫女的住处，来一场浪漫邂逅之类的故事是不可能发生的。王如果看上某个宫女的话，会让内侍去通传，待对方做好准备之后将其带至王的居所。那么，王的居所，即王在夜间的就寝之处是一个独处的空间吗？当然不是。康宁殿或大造殿等寝殿中间放有隔板，将寝殿分为东西两个暖炕房，每个暖炕房都呈井字型状。王就在井字的正中间就寝，周边的隔间都是待命的年长尚宫。王连就寝都要年长的尚宫来进行指导，就更不用说其他的事情了。对于王来说，即使粪便都不能随便丢弃，因为粪便的味道能够反映出王的健康状况，因此御医们还要直接品尝王的粪便，王的隐私和从谈起？

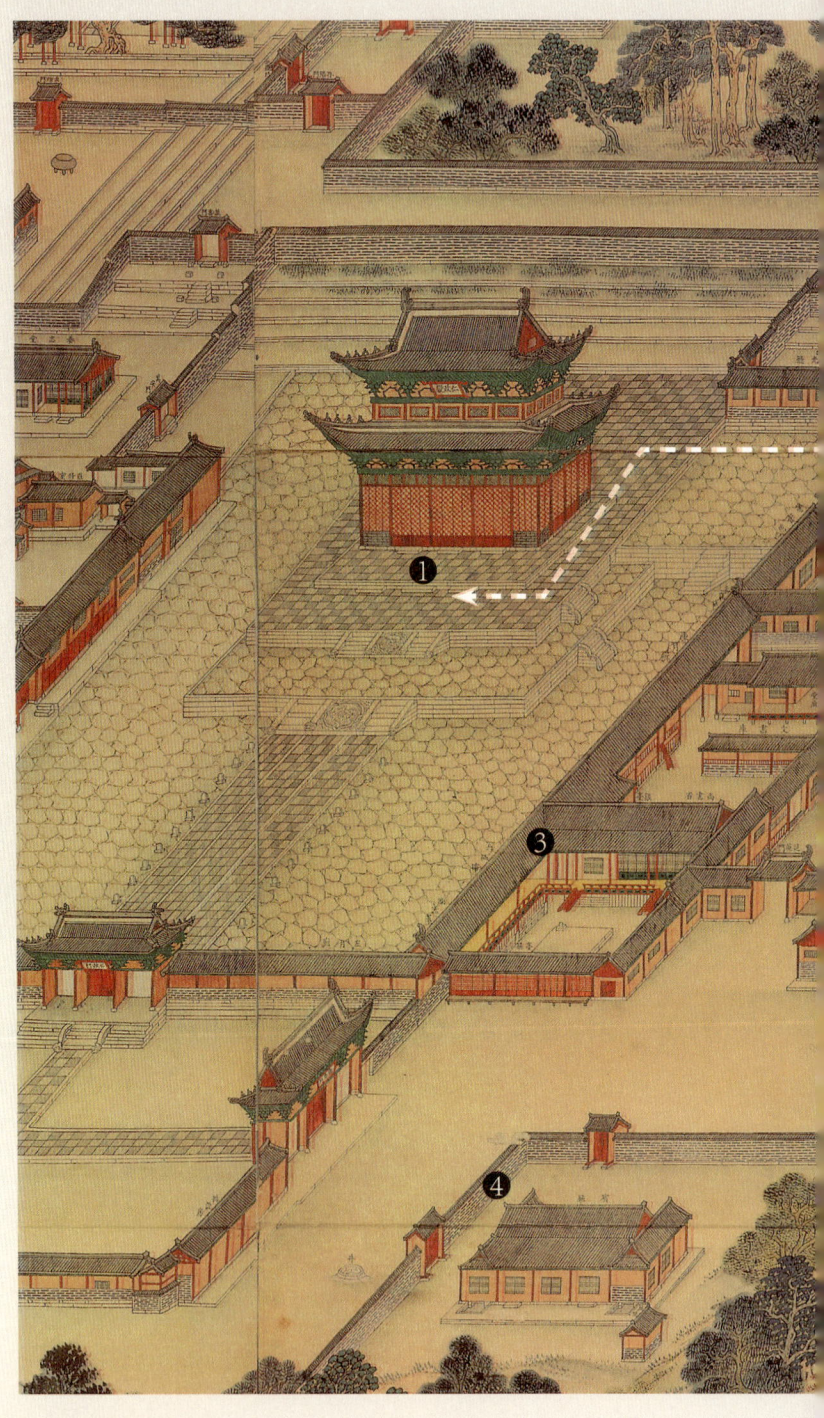

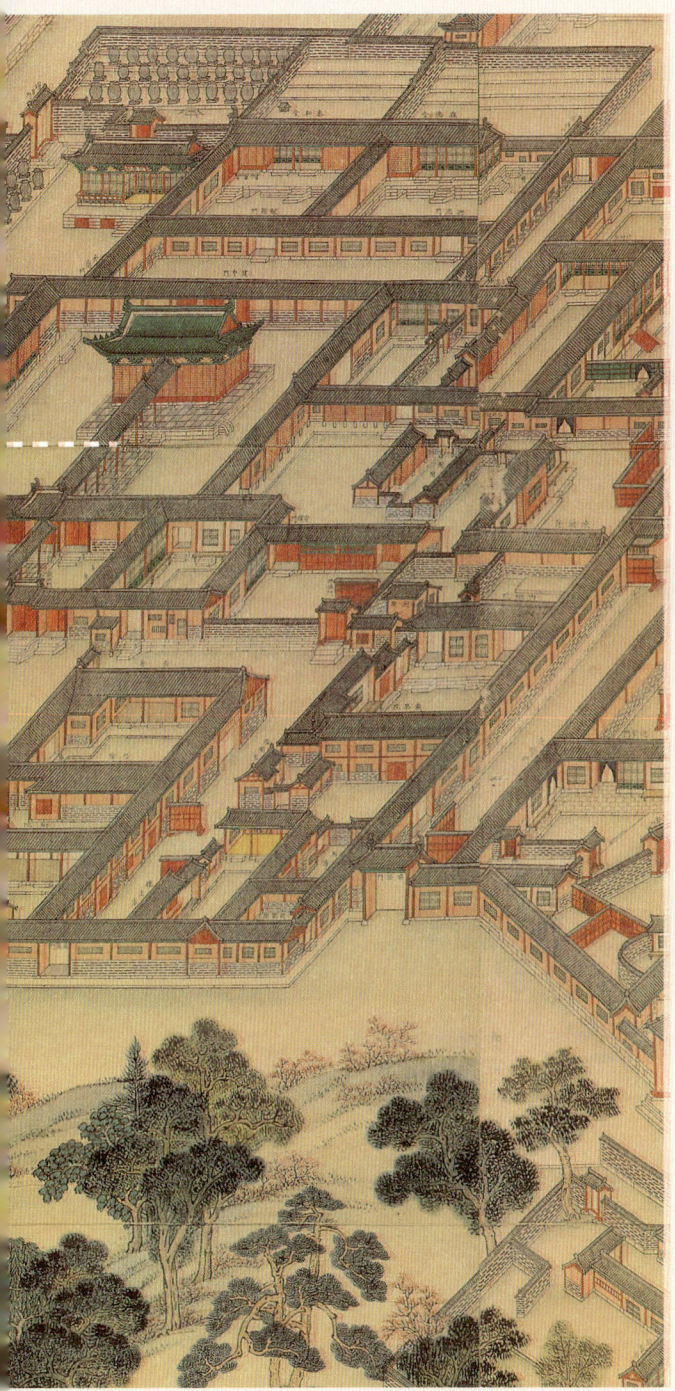

王暂处的场所。举行朝会时,王着朝冠礼服在此稍作停留后前往仁政殿。

以仁政殿为中心的王宫图。
① 仁政殿
② 宣政殿
③ 银台
④ 宾厅

盛放王的粪便的梅雨架。

现在去昌德宫还能看到曾经用于采集王的粪便的"梅雨架"。

王也是常人,因此也会在花园中散步休息,不能断言王完全没有个人的生活空间。但对于王来说,"洋溢着人情味的个人生活"即使存在,现在也是无从得知了。因为关于这方面的记录少之又少。但如果反过来想,为什么记录中没有相关记载呢?可能是朝鲜时代的人们并不在意我们现代人所关心的"王的洋溢着人情味的个人生活",或者实际上王并未享受过这种生活,亦或者至少这种生活并不那么重要。我们所提出的问题具有我们所处的时代和社会的烙印。如果想找到我们想要的答案,首先就要了解朝鲜时代的人们关注的世界是什么样的,想想他们会提出哪些问题。

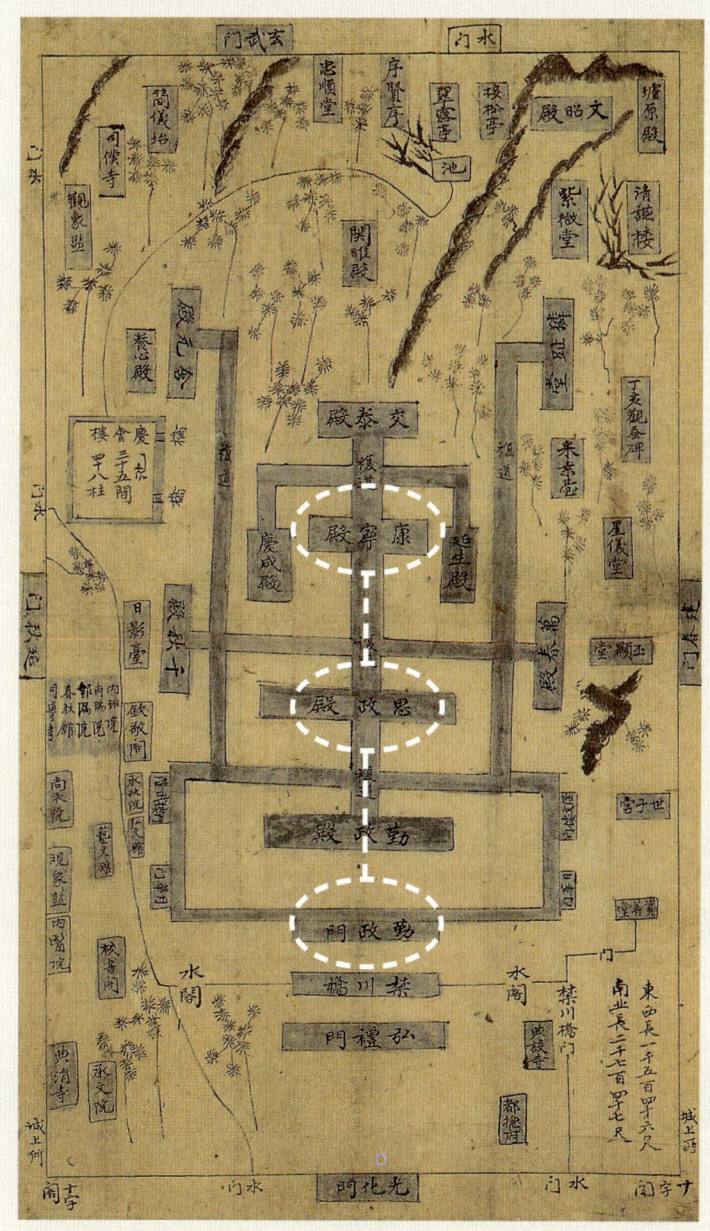

《景福宫图》，纸本淡彩，61.4×36.6cm，朝鲜时代后期，首尔历史博物馆收藏。景福宫在壬辰倭乱中毁于大火，这幅画是英祖时期以后以流传下来的材料为依据绘制出来的朝鲜时代初期景福宫的殿阁配置图。因为缺乏确实可证的材料，这幅图在细节上有很多出入，但从中仍可以看出康宁殿－思政殿－勤政殿这三大殿在中轴线上连续排列。

"来生不再踏入宫门"

◉

宫中女性们的生活

郑炳说·首尔大学韩文系　教授

暗无天日的深宫

　　王宫是一个很特殊的地方。对于某些人来说,那里是一个公共场所,而对于另一些人来说,那里则是一个私人空间。对于某些人来说,那里是一个谋生的职场,而对于另一些人来说,那里则是一个生活的家园。这个空间虽然不算太大,但却是纷繁世界的的一个缩影。英祖曾叮嘱第一次来问安的新婚儿媳惠庆宫说:"你要用心去看,不管发生什么事在宫中都很正常,你要视而不见,缄口慎言。"惠庆宫日后在宫中会经历哪些波澜?对于平常人来说既陌生又震惊而宫中之人却习以为常的事情会是什么呢?

　　英祖把自己的儿子,当是还是世子,关在米柜中饿死。这样骇人听闻的事情,虽然在宫中也不能称为小事,但从《闲中录》记载的各种宫廷秘闻来看,这样的事情并不少见。王或世子们临幸宫女或者纳宫女为妃本来就不足为奇，不必大惊小怪。不管是刑事办案还是王亲自审问的"亲鞫"都伴随着鲜血淋漓惨叫不绝的严刑拷打，权力和权利的光鲜背后是显而易见的阴谋权术，如此残忍的场面比比皆是。

当然，王宫也是顶级豪华宴会的享受场所和最高水平的文化艺术殿堂。只不过对于在这座孤立的深宫中耗尽一生的人们来说，再豪华的宫殿也与监狱并无二致，宴会和文化活动只不过是身陷囹圄中的一点点慰藉罢了，无法安慰人们寂寞的内心。王和世子们就是在这样的深宫之中出生并度过一生的。即使有出行活动，也不外乎去王陵参拜的"陵幸"和去温泉疗养的"温幸"。而对于来自宫外的世子嫔或王妃来说，连这样的出宫机会都不易获得。她们一旦进宫就不能外出，从这一点上看，她们和宫女没什么两样。

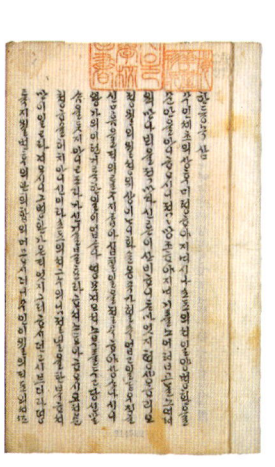
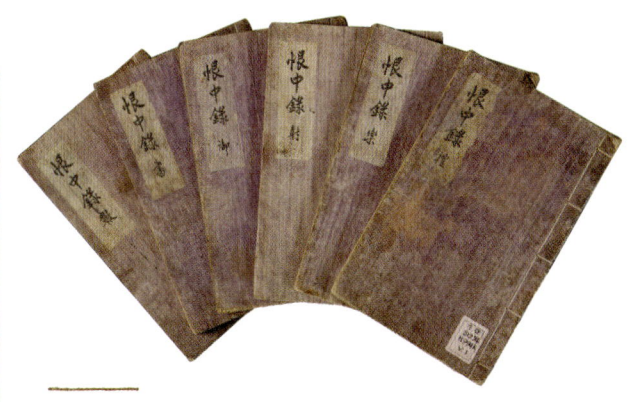

李秉岐先生（1891～1968，诗人，国文学者，号嘉蓝）收藏的《闲中录》（又名《恨中录》），现收藏于奎章阁韩国学研究院。

王被禁锢在形同监狱的王宫之中，时刻提防发生政变。王子们则在为能否登上王位，如果不能登上王位是否能保全自己而忐忑不安。公主们则担心离开华丽的王宫后到底应该如何在婆家过婚后的生活。王的嫔妃们则关心是否有子嗣，自己能否光宗耀祖。宫女们则哀叹在步满杀机、戒备森严的深宫中被监视和戒备的苦海余生。因为对世界的认识有限，这些人的不安情绪被逐渐放大。惠庆宫洪氏所著的《闲中录》将这种饱含不安与负面情绪的深宫生活描绘得栩栩如生。当然，宫中生活也有温情、积极的一面。在这里我们主要通过《闲中录》的记载来谈一谈深宫生活，尤其是宫中女性生活的悲哀。

来生不再踏入宫门，王妃

孝宗的驸马郑载仑所著的《公私闻见录》中曾提到过，光海君的王妃柳氏曾将佛像供在宫中，祈求来世不要再投生为君王家的女人。柳氏这样做不仅是因为仁祖反正[1]以后被废除妃位，也是因为夫君光海君在登上王位之前就已经饱受苦难。光海君不是父王宣祖的嫡子而是庶子，而且还不是长子，因此在做世子的时候一直担心自己地位不保。

思悼世子的儿子中除了登上王位的正祖之外，其余都被以

---

[1] 1623年，西人党废黜光海君、驱逐大北派，拥立光海君之侄绫阳君（朝鲜仁祖）继位的宫廷政变。

谋逆罪处死了。即思悼世子的庶子恩彦君、恩信君以及恩全君。为高宗生下儿子的光华堂李氏在孩子两岁时遭遇了丧子之痛，她对为此事唏嘘不已的人说道："在这种危机四伏的环境中，就算活下来就能够平安长大吗？"由此来看，柳氏在夫君光海君登上王位之前所经受的恐怖不安也可想而知了。

甚至与继承王位的高宗成婚的明成王妃闵氏也曾经说过："我死后决不会再回王宫！"可见王妃们对于宫门的忌惮不仅仅是源于成为王妃的忧虑，成为王妃之后，这种痛苦反而会更大。虽然惠庆宫没能成为王妃，但她当时是世子嫔，是成为王妃的必经之路，而且后来又登上大妃之位，将她看作王妃也不为过。惠庆宫因夫君、子女、娘家之故接连经历的打击和苦难不胜枚举。

王妃们的不安与痛苦从她们的子嗣中可见端倪。以惠庆宫前后出现的从肃宗到纯祖这五代君王来看，共有肃宗的仁敬王妃金氏、仁显王妃闵氏、仁元王妃金氏，景宗的端懿王妃沈氏、宣懿王妃鱼氏，英祖的贞圣王妃徐氏、贞纯王妃金氏，正祖的孝懿宣王妃金氏，纯祖的纯元王妃金氏等九位王妃，但其中只有第一位仁敬王妃

身着常服的王妃。

诞下过两女以及最后一位纯元王妃诞下过两男三女。虽然据推测景宗没有生育能力[1]，但其他的君主都曾与后宫嫔妃育有子女，可见生育问题还是出在王妃身上的。

王妃生育能力低的原因现在虽然难以深究，但可以推测与精神压力不无关系。王妃们所承受的强大精神压力可见一斑。压力的首要来源应该是夫妻关系。《闲中录》中所反映出的王妃们的夫妻关系并不融洽。贞圣王妃病危之时，英祖并未来探望，只有当贞圣王妃到了意识模糊弥留之际，英祖才现身。而病榻前的英祖并不担心妻子的病情，反而责怪思悼世子的穿戴。甚至在王妃刚刚过世之后，英祖因与宫女们说了很长时间与贞圣王妃新婚时的闲话，延迟了发表。但是，当英祖听到自己宠爱的和缓翁主的驸马郑致达的死讯后，却不顾大臣们的劝阻小跑至驸马府中。由此可见英祖对王妃的极度漠视。

宫中有传闻说贞圣王妃从进宫第一天开始就不受英祖待见。第一天晚上，英祖握着王妃的手腕，称赞王妃的手生得十分漂亮，王妃回答说这是养尊处优的缘故。英祖听后立即心生不快，因为这触到了英祖的痛处。英祖是肃宗和宫中女仆（伺候宫女的婢女）崔氏所生之子，而且结婚当时英祖并非王世子，而仅是前途一片黯淡的庶子。在这样的情况下，王妃的回答在英祖听来似乎是在蔑视自己的出身。

以堂堂世子身份迎娶新娘的正祖也同样没有美满的婚姻生

---

1 景宗为张禧嫔之子，据传张禧嫔临死之前曾向抛弃自己的肃宗请求见儿子最后一面，但见到年幼的景宗后，突然打了儿子的下体以进行报复，因此景宗的身体发育受到了很大的影响。

活。有人说这是正祖的姑姑和缓翁主干涉的缘故，但不管怎么样，王宫本身就不是一个能够过上舒心美满的婚姻生活的地方。

王妃的压力即使不是源自紧张的夫妻关系也是常人难以承受的。因为王妃本身就是一种政治需要。从当上王妃的那一刻起，王妃的存在就是政治性的，王妃诞下王子也是政治性的，而把自己的孩子扶上王位则是比任何事情都重要的政治活动。

从选拔王妃的过程来看，王妃的选拔要经过三次拣择，可以说是一种公开的选择新娘的活动。但实际上，王妃人选却是早已内定好了的，这一点可以从《闲中录》中得到证实。拣择只是经过一番政治考虑之后，再对内定的新娘本人进行确认的过程。因此，王室对新娘家族的选择，就预示着未来王室与各方势力的亲疏远近。

王妃所承担的责任中最重要的就是繁衍子嗣。因此王妃要做的最重要的事情就是为王诞下继承人。王妃就寝的大造殿与宫中其他建筑不同，屋顶上没有屋脊，这是具有诞下"龙子"的特殊含义的[1]。从《闲中录》的记载可知，英祖的贞圣王妃平时居住在大造殿，一旦生病，即使是感冒或积食这样的小病，也要搬到别的房间。后来王妃在病危之际还说道："大造殿是王孙诞生之所，事关宗庙和社稷，我怎敢死在这里！"并匆忙搬到了大造殿西侧的观理阁，最终也是那里走到了生命的尽头。

---

1 含义参见第一章。

思悼世子的胎室图,韩国学中央研究院藏书阁收藏。朝鲜时代,王妃所承担的最重要的责任就是繁衍王嗣。按照惯例,王孙诞生后,其胎盘会被珍藏起来,选取吉地安葬并建成胎室。

诞下王位继承人是王妃的任务，而大权的交接则是王妃的权利和权力。从儿子或孙子登上王位之时起，王妃就具有了享用君主孝道的实权，这是朝鲜时期不容置疑的礼法。王的母亲或祖母能够行使自己的权力来制约王权。英祖就将母后仁元王妃看成传授王位的恩人。仁元王妃虽然不是英祖的生母，但作为母后，若英祖要让思悼世子代为听政或要传位于思悼世子时，仁元王妃是唯一一个可以进行劝诫之人。当王宾天时，大妃或王大妃对于权落谁家具有重要的决定作用，所谓的大妃用裙摆移交玉玺的说法说的就是这种情况。

因此王妃的人生完全是政治性的。王妃自身的处境可以决定娘家整个家族的兴衰，王妃的行动也可以影响王位的人选。王妃的一句话可以改变很多人的命运，王妃的想法和行为也操纵着整个国家的运行。这些难以承担的责任和负担对于王妃来说，都成为了沉重的压力。

祈求诞下未来国君，后宫

一般来说，王妃的存在是一种政治性的操作。但后宫的存在则是按圣意进行的安排。后宫嫔妃没有诞下王子的义务，心理负担相对较轻。也许正因为如此，后宫诞下的王室子嗣反而非常多。

肃宗的儿子景宗是有名的禧嫔张氏即张禧嫔[1]所生，景宗的异母弟弟英祖也是后宫淑嫔崔氏所生。先于英祖去世的英祖之子孝章世子和思悼世子也都是后宫所生。思悼世子的儿子正祖后来也与后宫生下了纯祖。虽说王嗣的繁衍是王妃的责任，但实际上后宫也起到了很大的作用。

当然，后宫嫔妃中也有像王妃一样承担着王嗣繁衍的重大责任并被特别对待的情况。纯祖的生母嘉顺宫就如同王妃一般举行过婚礼。正祖初期，专权的洪国荣为了继续把持朝纲而送入宫中的妹妹元嫔也是这种情况。后宫们以各种各样的方式出现王的身边"承恩"，陪侍王就寝的侍女也被称作做"承恩内人"。

英祖身边的女人们，除了生下世子的两位嫔妃以外，还有"文女"和"李尚宫"。当然，承恩内人实际上会有很多，这里只列举《闲中录》中提到的例子。文女为花甲之年的英祖生下了两个女儿，后来因谋害思悼世子的罪名而被贬称为"文女"，也就是"文家的女儿"的意思。不过，在她诞下女儿时凭借着王宠确实一时风光无限。当时思悼世子周围的人都已经知道了他的病情，文女若生下儿子，在思悼世子病死或被废黜之后就可以将其扶上王位。不知道是万幸还是不幸，文女只生下了女儿。当时宫中还传出文女想把女儿换成儿子的风言风语。

承恩内人中，文女不仅拥有子嗣还深得王宠，并最终成为后宫嫔妃。但并不是所有的承恩内人都能成为正式的后宫嫔妃

---

[1] 张禧嫔曾为肃宗宠妃，以美貌闻名，是仁显王后最大的政敌兼情敌，是朝鲜王朝最后一位升为王妃的后宫嫔妃，后被肃宗赐死。张禧嫔戏剧性的人生成为影视剧常用的素材，因此张禧嫔在韩国家喻户晓。

的。李尚宫在思悼世子去世的前一年一直陪在英祖身边，因为一直没能封为后宫嫔妃，只被称为"李尚宫"。有一次，贞纯王妃的哥哥金龟柱向英祖呈上了攻击惠庆宫家族的书信，李尚宫对成婚仅两年的年轻的贞纯王妃忠告道："你们家怎么能做这样的事情，快把书信用水洗干净。"依仗王的宠爱，区区尚宫竟可以对王妃如此咄咄逼人，真是骇人听闻。

后宫虽然被人们看作不择手段邀宠的妖女，但实际上她们只是不想被遗忘在深宫中的一个不幸群体。获得王的宠爱时，她们被捧得似乎可以呼风唤雨，失去王的宠爱时，对她们来说一切又皆是过眼云烟、一文不值。思悼世子的生母宣禧宫虽然生下儿子并将其扶上世子之位，但依然十分孤独。对于成为世子的儿子来说，贞圣王妃才是母后，是名义上的母亲。就连儿媳妇惠庆宫来给婆婆问安时，也因宣禧宫是后宫嫔妃的缘故，惠庆宫要先向贞圣王妃问安，尔后再对惠庆宫另行问候。思悼世子离世前，曾将后宫嫔妃所用的小轿子改成王乘坐的大轿子，并强行让母亲乘坐出入昌德宫后院，作为母亲的宣禧宫因为儿子种种古怪行为而倍感不安。

宣禧宫听闻儿子胡作非为，于是求见英祖让其下令严厉惩戒，即将儿子处死。英祖听了世子生母的这些话，坚定了信心，终于艰难地做出了处死世子的决定。也正是因为这个原因，英祖不得不承受大臣们"殿下要听从坐在深宫中的一个女人的话而动摇国本"之类的指责。宣禧宫希望儿子安详地死去，但大臣们无论如何也无法理解希望处死儿子甚至还是世子的宣禧宫。

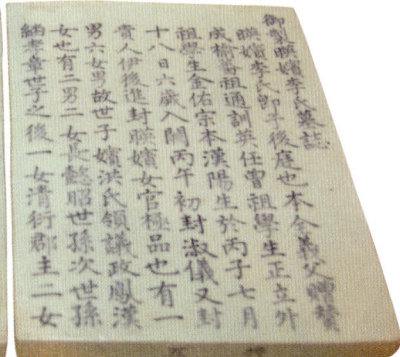

宣禧宫暎嫔李氏之墓碑,宣禧宫之墓移葬时出现的白瓷墓碑(共5块,此为中间2块),韩国延世大学博物馆收藏。

儿子去世不到两年,宣禧宫又受到了晴天霹雳一般的打击。有人提议将她的孙子正祖过继给跟宣禧宫没有任何血缘关系的孝章世子做儿子。这样一来,思悼世子就会被扫出王室继承人一脉。听到这个提议后,宣禧宫整日茶饭不思。宣禧宫在儿子死后经常念叨:"因我所做之事无法原谅,我走过的地方也会寸草不生。"巧合的是,宣禧宫在儿子三年丧满的当月也去世了。虽然《闲中录》中说死因是心病郁结成疾,但从离世时间来看,也很有可能是"杀子之母"追随儿子而去了。

每况愈下的人生,公主

《纪伊斋常谈》这本淫谈笑话集中记载了这样一个小故事,宣祖的驸马申翊圣与贞淑翁主第一次共度良宵时,翁主让驸马躺在自己身下。驸马虽认为这是对自己的侮辱，但却不能违背翁主的命令。翌日清晨，申翊圣爬上寝殿屋顶，将阳瓦和阴瓦置换了位置，将阳瓦置于阴瓦之下。王妃看见后询问缘由，申翊圣回答道："这是昨夜公主所教。"翁主听闻此言后便再也不敢违背夫君意愿了。

这个故事反映出普通人对公主的偏见，认为公主总是很傲慢。公主是王与王妃的女儿，而翁主是王与后宫嫔妃的女儿。世子与世子嫔所诞之女被称作郡主，世子与其他嫔妃所生之女被称作县主。对于王来说，后宫嫔妃远多于正妃，因此翁主也自然比公主多。英祖就有很多翁主，不过他给予翁主们的父爱也有天壤之别。英祖的好恶十分极端，据说他在做自己喜欢的事情和做自己讨厌的事情时，从通过的门开始就有所区分。他自己喜欢的人和自己讨厌的人不能同处一室，他甚至禁止自己讨厌的人出现在自己喜欢的人走过的路上。

五岁的德惠翁主（1916年）德惠翁主是高宗和后宫福宁堂所生之女。

英祖一开始十分宠爱和平翁主，和平翁主早逝后，英祖又把这份宠爱转移到了和缓翁主（1738~1808）身上。和缓翁主不仅是英祖的女儿，也是思悼世子的妹妹，惠庆宫的小姑子，正祖的姑姑。但是正祖即位后，却以阻碍登基的罪名将她流放到了江华道校洞。《闲中录》中将和缓翁主贬称为"郑妻"，即郑氏之妻。惠庆宫对和缓翁主的厌恶就像对自己的家族世仇庆州金氏一般。这是因为她将和缓翁主看成是离间正祖与外戚关系的罪魁祸首。甚至惠庆宫将其与和平翁主相提并论时，也不称其为"和缓翁主"，而是称其为"戊午生翁主，现在被称作郑妻的这个人"，对和缓翁主的称呼避讳到了如此程度。和缓翁主出生于戊午年，即1738年，这也是这种称呼的由来。

据说和缓翁主生性善妒，权力欲强。以前夫君与生母都在身边时，她还有所收敛。翁主二十岁时，夫君离世。二十七岁时，生母宣禧宫也撒手人寰。那时起，翁主便凭借着父王的宠爱开始恣意妄为。思悼世子去世后，惠庆宫把儿子正祖送到英祖居住的庆熙宫，并拜托正祖的姑姑和缓翁主好好照顾正祖。因为当时英祖处死了自己的儿子，正祖作为英祖的孙子前途未卜。和缓翁主摆出把正祖当成亲生儿子来照

和缓翁主驸马郑致达的墓碑，位于京畿道坡州。墓碑上关于和缓翁主的记录是空着的。据王室族谱《璿源系谱记略》记载，和缓翁主之墓已无从考证。

曲坐的神态。左侧是纯宗嫔尹氏，右侧是她的媳伯母兴亲王妃。

顾的姿态，却让正祖只能相信并追随翁主一个人，所有的事情都插手阻拦。当正祖有心爱之人时，和缓翁主一定会采用搬弄是非的手段来离间，当时还是世孙的正祖与世孙妃的关系就是例子。此外她还禁止正祖与宫女接触，还离间正祖外祖家和妻家的关系。据说当正祖因编辑《宋史》而沉浸其中之时，翁主甚至还嫉妒过书籍。尤其是和缓翁主还总和惠庆宫作比较，惠庆宫成了大妃，而自己却不是；惠庆宫的儿子正祖做了王，而自己优秀的养子郑厚谦却无缘王位，这些都让她心生妒意。年幼时无比尊贵，年老后看到曾经不如自己的嫂子却诸事顺心便心理失衡了。

宣禧宫祠堂原址,现于首尔市钟路区首尔盲人学校校内。

据说和缓翁主的祖母仁元王妃平时禁止翁主们与世子嫔平起平坐,要求她们"曲坐"。曲坐是指尊卑有别之人同坐之时,不能并列而坐或相向而坐,而是要侧坐在 90 度的方位。这样做是为了防止翁主们因世子嫔是嫂子而对未来要成为王妃的世子嫔妃不敬而实施的举措。从曲坐这一要求可以看出,一般来说世子嫔或王妃的人生走的是从贫民到王室的上坡路,而王的女儿们却正相反,她们的人生走的是从宫中到民间的下坡路。当然进入宫中生活也不一定算作真正意义上的上坡路,但对于出身富贵的人来说,在相对低贱的夫家生活也的确是举步维艰。

和缓翁主到江华道后不久就搬到了驸马墓地所在的坡州,1790 年又暗中潜回首尔居住。这种行为虽然被朝廷所不容,但翁主在侄子的庇佑下并没有再获罪。还有一种传闻说和缓翁主在母亲宣禧宫的祠堂住了下来。祠堂就在现在青瓦台西侧的首尔盲人学校校内。正祖在去世前的1799年解除了对和缓翁主的处罚。而和缓翁主的生命也一直顽强地延续着，一直活到自己最嫉妒的嫂子惠庆宫开始春风得意的1808年，在71岁时辞世。

怀抱妓生泛舟湖上，宫女

宫中有少数置于高位的人也有多数处于底层的人。在那些底层女性之中，有为嫔妃和公主诊病的医女，也有为宫中宴会表演的舞女，但更多的是从事各种宫中事务的宫女。宫女也有等级，从李圭景的《五洲衍文长笺散稿》可知，宫女被称为姮娥，宫婢被称为宫中女仆。宫女和宫婢是有着严格区分的，宫女是服侍主子的，而宫婢是跟从宫女的。宫婢可以有出勤退勤时间，她们也被称做"水赐伊""各房胥吏""客人""房子"等。

《五洲衍文长笺散稿》中还提到宫奴被称作别监，宫女被称作姮娥，别监和宫女可以并称，他们来源相同，在本质上是一样的。《闲中录》中就有想在别监的女儿或者从别监擢升为司钥的人的女儿中选拔宫女的记载。前文提到的文女，她的哥哥文圣国就是别监，《闲中录》中提到了他们兄妹相互勾结做出的一些勾当。其中之一就是司钥金守完不想让自己的女儿去做宫女，就通过文圣国在王面前进言。虽说别监和宫女不分彼此，但从别监出身的金守完不想让女儿做宫女一事可以看出，不愁生计的话，还是没有人愿意让女儿去做宫女的。不知是谁写下的谚文《宫女词》反映出宫女的苦楚和辛酸。

> 恍惚间，这宫女之身，
> 在梦中化作鹦鹉。
> 汉阳城十里之外，
> 我日夜思念的的父母兄弟啊，
> 只能这般梦中相见。
> 我非铁石心肠啊，如何忍受这痛苦？
> 手中这出宫令牌，我费尽周折才得到，
> 归心似箭啊，回转家园。
> 父母兄弟、一家亲人都来欢喜相迎。
> 小住一日，无奈又要匆匆惜别。
> 这积郁已久的满腹愁肠啊，无法言尽。
> 门外传来声声回宫催促，
> 催得我三魂出窍七魄消散，
> 只好约定明春再相见。

宫女们若非定期休假，就盼着能找到各种借口回家一趟。宫中生活如履薄冰，必须要小心谨慎，宫中压抑的气氛让宫女们对父母兄弟的思念更显殷切。

不过循规蹈矩处处谨慎的宫女们也有自己的排遣方式，《宫女词》中有"金尚宫和李尚宫称我兄弟道我朋友/以锦绣为笛玉瓶为鼓/一瓶酒你我推杯换盏/载歌载舞无比欢乐"的歌词。在压抑的王宫中生活的宫女竟带着妓生赏花泛舟,这在今天真是难以想象的事情。这些活动连《朝鲜王朝实录》中都有记载,甚至还提到宫女们在宰相府的江边小亭或别院随意出入游玩,做出淫秽之事。以至于忍无可忍的正祖下达了禁止宫女玩闹的旨意。

除了有宫婢和宫女的等级之分以外,宫女也有等级之分。等级最低的是内人,其次是侍女,最高的职位是尚宫。《闲中录》中就提到跟着惠庆宫入宫的娘家婢女,因正祖念其有功而被任命为侍女,后来又升任为尚宫。而惠庆宫却因这种没有先例的恩典诚惶诚恐。这件事可以看出尚宫在宫中地位的显赫。前文提到的李尚宫因承恩于英祖是否也会如此无法断言,但从正祖的教旨中可以看出,尚宫的势力足以连宰相府都不放在眼里。就是因为尚宫身处最高统治者身边,因此任何人都无法不忌惮她们的权力。

宫廷文化传授者,尚宫

《闲中录》中最能表现尚宫权势的人就是崔尚宫。惠庆宫第一次见到崔尚宫时,就感到崔尚宫"身体强壮,神情凛然,与普通宫女完全不同"。这是惠庆宫九岁时,在拣择复选的第二天留下的记忆,一直到花甲之年还记忆犹新,可见当时印象应该是非常深刻的。那时惠庆宫已经被确定为世子嫔人选，崔尚宫到惠庆宫家中裁量婚礼礼服的尺寸。惠庆宫的娘家对于崔尚宫一行招待得尽心尽力，路上铺上草席，就寝的房间里铺好绸缎被褥，上面又铺上花纹席子。惠庆宫的母亲叫上妯娌、大姑子一起陪同，因为宫女们熟知宫中历史和礼节，不能怠慢。

  崔尚宫以前是景宗的内人，思悼世子出生后又成为世子的保姆。思悼世子小时候由崔尚宫和韩尚宫轮流照顾。有一天，韩尚宫对崔尚宫提议道："每个人都来给小王子忠告，他肯定心思忧郁却无法排解。你用严厉的方法来指引正道，而我则陪他玩耍舒缓心情，你意下如何？"此后，韩尚宫就用木头和纸做成月刀和弓箭，等崔尚宫忙完公务离开后，让年幼的宫女们躲在门后，拿着做好的"武器"，大喊着冲向世子玩闹。

  崔尚宫究竟有多严厉，从下面这则逸事中便可见一斑。惠庆宫在别宫中准备婚礼时，因为第一次离开父母身边而悲伤不已。惠庆宫的母亲也同样惦念女儿便来到惠庆宫住的地方。崔尚宫看到后，没有片刻犹豫地说道："这不合国家法制，还是请回吧！"冷漠地将惠庆宫母亲劝走了。人情上再平常不过的琐碎之事就连对准王妃的母亲都不能网开一面，足可见崔尚宫作为宫廷礼法专家的权威之盛。

  崔尚宫不仅对世子嫔如此强势，对王也是直言不惧。1756年的一天，英祖突然驾临思悼世子的住处，偏巧思悼世子尚未洗漱，且衣着不整。英祖没想到思悼世子正在病中，而以为他是宿醉未醒。当时英祖已下达了禁酒令，本人也以身作则、严格遵守，没想到自己的儿子竟敢违抗王命，于是开始训斥世子。

王妃和尚宫。中坐者为尹妃,尹妃身后左侧是千一清尚宫,右侧是金忠渊提调尚宫[1]。

思悼世子在父亲面前本来就畏首畏脚、张口结舌,在父王的厉声质询下,世子竟谎称自己喝了酒。正在此时,崔尚宫对英祖不卑不亢地说出了自己的想法:

"世子醉酒之说实属冤枉,身上是否有酒气,还望殿下明察。"

---

1 朝鲜时代地位最高的尚宫。

连世子都因惧怕无法向英祖辩白,"卑贱的"尚宫却胆敢冒昧进言,思悼世子觉得颜面扫地,训斥崔尚宫道:

"什么喝不喝的,我已经回禀父王喝了酒,你竟还敢插嘴,还不退下!"

英祖听闻此言,反过来训斥了思悼世子:

"你,还在我面前训斥尚宫,在长辈面前连犬马都不能斥责,你这是明知故犯!"

作为宫廷管家,尚宫不仅是保育教师,还是严厉的宫廷法度及文化的传授者。她们从小就学会要守口如瓶,不过她们对自己服侍的主子也不都是完全尊敬和拥护的。朝鲜王朝最后的尚宫金命吉在回忆录的最后说道:

> 平生六十年的宫中生活让我感到,以王族或两班自居的人,实际上大部分都是金玉其外,败絮其中。换一个角度来看,他们能以一种比作为贱民的妓女都要屈辱的姿态安心度过一生。那些过去的往事中让人痛心惋惜的地方太多了。

如何满足王的挑剔口味

●

朝鲜王室健康养生法，食治

金澔 · 京仁教育大学社会教育系　教授

豫图的哲学

19世纪前叶著名文人洪吉周(1786~1841,号沆瀣)曾经批评过其兄长洪奭周所写的《药戒》这篇文章。问题就在于洪奭周提到的"生病了才要吃药"这句话。洪吉周反驳道:"近几十年来,疑难杂症得到根治的人,或者重病缠身却能痊愈的人闻所未闻,反而没有病时经常接触医师或药物、到了七八十岁了还身体健康的人却大有人在。"

洪吉周认为,人们生病后即使用药也不见起色的原因就在于医者医术不精。他还提出,平时即使没病也要经常去医馆,了解自己的内脏器官哪部分虚弱、哪部分健实,随时开些药方调剂不足之处,这样才能远离疾病。得了病之后再用药即使是神医再世也只能是事倍功半。

洪吉周强调"预防"不仅仅是针对疾病。19世纪的朝鲜社会可谓江河日下，从朝廷到地方兵役混乱，赋税高达几十种，朝廷想尽各种对策形势却仍旧毫无起色。

洪吉周哀叹如果朝中之人几十年前能够针对当前的情况提早作出对策，社会形势就不会沦落到今天这步境地。他还提倡将"豫"，即未雨绸缪作为万事之本。

实际上，人们担心将来会生病的时候，或者病情有所好转的时候，就应该开出更好的药方针对有可能出现的病症进行预防。话虽如此，但人们一旦思想懈怠，就会把患病时的焦躁不安和心急如焚统统抛到九霄云外，懒散地得过且过。突然哪一天病情反复或者病情加重时，便又开始忧心忡忡。到那个时候即使悔不当初也于事无补了。所以说所以病后才用药为时已晚。

◎

在传统社会中，"治"与从混乱到安定、从无常到正常、从无序到有序等种种转换密切相关。若要长治久安，个人要优秀，家庭要和睦，社会要公正，这样国家和天下才能呈现出一片太平盛世的景象。

正如《礼记》中所言："礼者禁于将然之前，而法者禁于已然之后。"（《大戴礼记·礼察篇》）"治"（统治、抑制）有两个层面。一是事前之治，一个事后之治。

此外，中国古典医学代表作《黄帝内经》中还提到："是故圣人不治已病治未病，不治已乱治未乱。"（《素问·四气调神大论》）按照发病之前进行调理休养的手段来进行统治的方法才是上上之策。休养不单纯指锻炼身体，而是强调身与心的和谐。

因此，最优秀的治理是防患于未然，在社会呈现无序状态之前就能理顺秩序，这就是要在病发之前调理身体的道理。不过即使做好了事前准备，统治国家也不纸上谈兵，总会遇到各种各样的突发问题。在这样的情况下，就要通过事后开药方来补救。若不然，事态将会进一步恶化，最终导致无可挽回的后果。

儒家思想认为，若想成为一个真正的人，就要"克己"，即保留自己善良的本性，避免出现不道德的行为或者不正派的作风。这就是"以德治国"的理念。德治正是事前之治。不过，不管人们如何尽力地"克己"，也会遇到事与愿违的情况。这是因为人的欲望会掩盖住人的善良本性，这种情况下便不可避免地要采取事后之治，如刑法和其他不得已的办法。这正是"以法治国"的理念。德治是事前采用的方法，法治是事后补救的措施。法治是一种迫不得已而实行的统治手段，如果只采用法治，德治的效果恐怕就要前功尽弃了。孔孟之后的儒学家们认为法治具有弊端的原因也在于此。他们一直在指责这种不在事前预防却在事后采用极刑手段的做法。

儒家的礼治理论也同样适用于疾病治疗。生病之前要先用调理来进行预防，即要注重养生。生病之后所采取的种种手段是其次的。与"德治"相对应的就是"食治"，与"法治"

相对应的就是"药治"。

儒学家们像重视德治一般把食治，即包含调摄和养生的预防之法放在第一位。而药物则与刑罚类似，是事后不得已采取的手段。因此，"调摄不周而病痛生"这个道理也可以看作是一个人在德行上的失衡。

朝鲜时代的士大夫们对健康的重视程度可以从记录他们私生活的日记等记录中详细地了解到。士大夫们在健康问题上如此煞费苦心，不仅是因为他们担心身体会出现问题，更重要的原因在于对于他们来说，失去健康就会暴露出自己在道德层面上的缺陷，因此格外小心[1]。

现在我们常说"医食同源"，将医药和食物都看作是身体健康的保障。但至少在朝鲜时代，对于儒学家们来说，"食"比"医"更为重要。这里的"食"不仅仅指的是"食物"，在朝鲜时代人们的观念里，食和医的对立中包含着事前和事后、圣人和凡人、完整人格和缺陷人格、自我约束性强和自我约束力弱等社会理念的对立[2]。

---

[1] 从朝鲜时代官吏请辞的奏折中可以看出，很多人是因为健康原因请辞的。虽然这可能表明他们的身体状况的确出现了问题，但从字里行间不难看出他们对于道德层面上所显现出的不足及缺失的担心。原注。

[2] 现代社会中也有贬低"肥胖患者"的倾向，认为他们"不懂节制"。这表明与食物相关的一些语言表现中包含着一定的社会观念。尤其是在朝鲜时代，无穷无尽的欲望，特别食之欲，是必须要加以节制的。清瘦的英祖和肥胖的思悼世子之间的龃龉与这种观念不无关系。原注。

朝鲜时代食治医书代表作《食疗纂要》

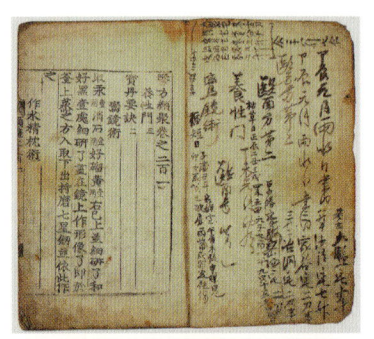

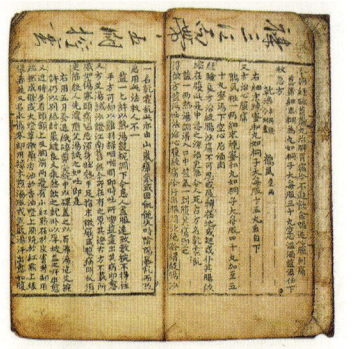

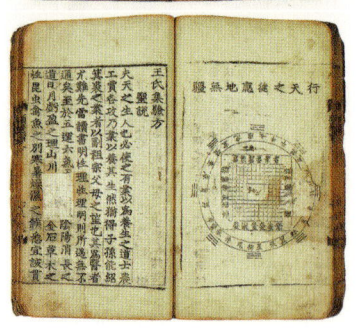

《食疗纂要》成书的基础《医方类聚》和《乡药集成方》。

世祖曾于 1463 年（世祖九年）编纂《医药论》以示众臣，并命御医将其进行注释后印制出来推广到民间。世祖在这篇著作中提到了八类医者。第一类是心医，第二类是食医，第三类是药医，第四类是昏医，第五类是狂医，第六类是妄医，第七类是诈医，第八类是杀医。

心医就是让人能够心境平和的医者。他能避免患者心绪波动，即使在病情加重时也不会受到更大伤害。并以一颗拳拳之心尽量达成患者的愿望。因为人只有在心境平和的时候才能保持良好的精神状态。这并不是说陪患者酩酊大醉就算得上心医。心医是世祖眼中最高级别的医者。他们不仅懂得病前养生的重要性，而且在病人患病之后，他们还能迎合患者的心绪，避免使用强制性的手段，而采取无为之治的方式来进行治疗。不过，这样的医者只是一种美好的希望罢了，他们的治疗方式在现实生活中几乎就是天方夜谭。

因此现实生活中最高级别的医者当属食医。食医就是能让人更容易地摄入食物的医者。人们一般吃甜食时会心情舒畅，而吃苦味就会身体不适，这并不意味着食医应该让人们挑食。

食有寒热，可以对治，何籍苦辛、枯草、腐根？有不禁过食者，此非食医也。（节选自《食疗纂要》序文）

这就是世祖关于食医的主张。世祖的评论准确地表现出了食治的精髓。

如前文所示，世祖非常青睐食医。当时，曾有一个人秉承圣意，将食医的重要性总其大成。这个人就是名医全楯义，他的集大成之作就是《食疗纂要》。

1460年（世祖六年）编辑完成的《食疗纂要》综合了朝鲜王朝前期的食治医学成果，其中的处方大体与《乡药集成方》和《医方类聚》一致，因为《食疗纂要》是

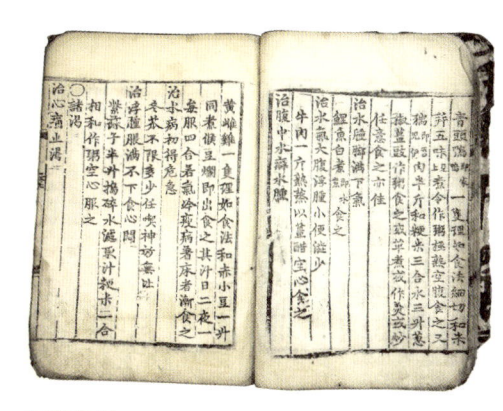

《食疗纂要》

吸取鸿篇巨帙《乡药集成方》和《医方类聚》中关于食治医学的精华重新编辑而成的。书的序文部分陈述了食治的重要性。

> 人之处世，饮食为上，药饵次之。虽曰如此，风寒暑湿，御之以时，饮食男女，节之以限，病何由生？……古人立方，先用食疗，食疗不愈，然后药治。且云：将食得力，太半于药。又曰，治病当以五谷五肉五果五菜治之，奚在于枯草死木之根荄哉。此古人治病必以食疗为先，可知矣。
>
> （节选自《食疗纂要》序文）

全楯义作为朝鲜王朝前期活跃于世宗、世祖两朝的御医，参与了世宗朝1445年365卷的东亚最大的医学百科全书《医

《东医宝鉴》的养生论

提到朝鲜时代的医学技术不能不提到17世纪初期的《东医宝鉴》。名医许浚以此为基础将朝鲜性理学的人性论，即强调内心修养的哲学观扩大到身体修养的范畴。许浚通过对"天地之人"的强调，将朝鲜儒学的政治理念和道德约束看作身心修炼的基础。换句话说，就是将养生的哲学与实践的道理统一起来。从这一角度来看，许浚可谓是"儒医"。儒医既是医者也通晓儒学，既儒学家也通晓医术，在性理学和医学两个领域都学识渊博。

《东医宝鉴》，许浚，朝鲜时代，纸本墨书，33×21.3cm。

方类聚》的编纂。1447 年，全楯义又与金义孙共著了《针灸择日编集》。此后他还在其著作《山家要录》中整理了朝鲜传统饮食及酒的制作方法。

《山家要录》中介绍了朝鲜王室代表食治药膳"煎药"的原型，即"石花菜煎果"，一种具有代表性的王室特制食品。石花菜煎果是在石花菜的胶质中掺入蜂蜜、胡椒等少量香辛料制作而成的一种养生食品，在每年冬至时节供王食用。石花菜煎果还用于招待中国、日本等外国使臣，作为最具朝鲜时代特色的代表性食品而备受瞩目。这不仅是因为石花菜煎果具有让人在冬季身体发暖、焕发活力的功效，还在于添加桂皮、胡椒、蜂蜜等配料的食材本身所具有的韧性口感。

诸如此类的药膳包括药饭、豆酱、煎药等。不仅是生活在朝鲜时代的人，包括中国人在内的外国人也都很喜欢药膳，可以说药膳在东亚地区得到了充分的发展。而朝鲜时代的药膳正是尝试兼顾美味和疗效双重目的的朝鲜饮食哲学的成功再现。

朝鲜王室食治药膳

1. 粥

米粥：朝鲜王室的代表食治药膳就是粥。后文也会继续提到，粥的种类多达几十种。粥的进食时间从晚上到凌晨没有特别的限制。最常见的是白米粥。仁祖九年，患有喉疾和头痛的太后就曾在凌晨进食过白米粥。一般米粥是在腹泻出现脱水症状或精神不振之时食用的。

驼酪粥：根据《承政院日记》的记载，王室喝得最多的粥就是驼酪粥。驼酪粥可以称得上是王室的代表粥品。作为王室经常食用的食治药膳，其制作方法为：先将米用水浸泡，磨好后放入牛奶，最后用文火慢煮。

驼酪粥在粥品种独树一帜，因为其他的粥品一般是植物性的，而驼酪粥却是用牛奶熬制而成。驼酪粥在恢复元气调和脾胃方面不可或缺，因此王室单独在司仆寺[1]豢养一两头奶牛，这样不必去民间购买就可以每天享用牛奶了。司仆寺要选择无病的奶牛，挤牛奶的时候有御医在一旁监督以确保做粥的牛奶质地优良，挤好的牛奶要由内医院提调[2]进行试食。有发热症状并需要保护脾胃之时，可将驼酪粥放凉后食用。

经常服药会对身体造成一定的损害，而用驼酪粥代替药物

1　朝鲜时代管理马匹和轿舆的机构。
2　内医院是朝鲜时代为国君制药的机构，提调为从一品官职。

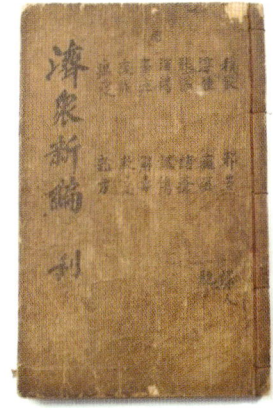
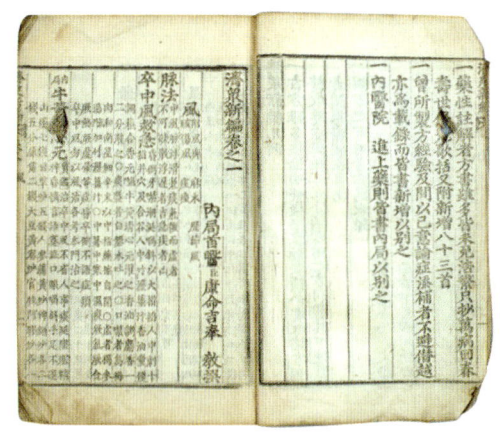

1799年（正祖二十三年）编辑而成的医书《济众新编》。朝鲜国君们的食治药膳中粥类的相关记录大部分都保存在这本著作之中。

的话，不仅做法简单而且疗效显著。因此常有人提出驼酪粥不能停用，因其在保养肠胃方面功不可没，可能的话要经常服用。

服丧期间需要素食，此时驼酪粥的功效发挥得最为显著。丧期不能食荤，但即使是身体康健的人长时间素食也容易生病。因此，驼酪粥成为唯一能够提供充足营养的食物。

↓ 绿豆粥：绿豆粥也是经常食用的粥品之一，尤其是经常与退热药一起食用，这是利用了绿豆寒性食物的特性。仁祖九年，王脸颊发热有虚劳症状，便将清心元[1]与绿豆粥一同服下。仁祖十年，王体内烦热，傍晚时分症状加重，又将腊雪水[2]和绿

---

1 用牛黄、人参等30多种药材制作而成的药丸。
2 用腊日下的雪融化而成的水。

豆粥一同服下。仁祖十年，大王大妃因疮疾发作苦不堪言，太医在用针刺破脓胞散毒之后，便用绿豆粥来为大王大妃退烧。

↓ **莲子粥**：莲子粥是将藕磨成藕粉与粳米一同熬制而成的。尤其是服药之后立即服用莲子粥有助于恢复元气。长进食其他粥品易造成中气虚弱，若此时服用莲子粥，可降温并保护脾胃。在莲子粥中加入山药粉具有增强疗效的作用。

↓ **山药粥**：山药不仅可以用于莲子粥中，还可以与粳米一同熬制成山药粥。山药粥对于治疗中气虚弱很有效果。另外，在山药粥中也可以放入糯米粉，炖出浓稠的口感后放凉食用。根据纪录来看，山药粥还用于治疗由腹泻引起的精神不振。

↓ **青粱米粥**：将青粱米煮熟后去掉渣滓留下清亮的米汤直接饮用，可以补充精气、生津止渴。仁祖在霍乱余势未去之时就是将平胃散与青粱米粥一起服用的。

↓ **薏米粥**：肃宗曾因痢疾和频繁发热无法进食，一般的米汤和粥一吃就吐。当时御医采用民间药方将薏米微微炒熟熬制成粥让肃宗服下，并向肃宗称赞薏米粥比米汤味美。薏米被王室看作"别馔"，规定必须服用。不过英祖从小就不喜欢薏米，因此即使有人进言要服用薏米等有益健康的食物时，英祖也置之不理。

❤ **韭菜粥、黑芝麻粥**：有吐血症状时可以服用韭菜粥。黑芝麻粥因其油性较大不太受欢迎，但在下元之时最适合服用。英祖曾因不喜杏仁粥气味而拒绝食用。仁祖九年，太后因病而进食了烤鲫鱼和母酒粥，但母酒粥具体是什么样的粥无从得知。

❤ **膁粥**：膁粥是在粥中加入肉类熬制而成的。牛的胃被称作"膁"，作为一种保养品在多种菜肴中广泛使用，主要用于烤食和炖食，现在也有发现表明膁曾用于熬制粥品。

❤ **人参粟米汤**：米汤的种类很多，根据食材的不同名称也不同。其中最具有代表性的是人参粟米汤。而人身粟米汤是调养胃气的最佳药膳。肃宗晚年受恶心病痛折磨，经常拒绝进食，那时服用的就是人参粟米汤。

❤ **米饭**：和粥一样，米饭的种类也很多。首先说一下"杂水剌煮汁"，即将杂粮饭用水煮出米汤来食用。肃宗晚年因腹腔积水而腹胀积食，元气大伤。想要补充元气却又无法只进食谷类，因此肃宗服用了"杂粮饭（杂水剌）"。"杂水剌煮汁"正是用这种杂粮饭加水煮出的米汤。

此外还有在米饭中加入红豆的红豆饭（豆水剌）、在大麦饭中放入豆子的大麦豆饭以及大麦饭等。王室成员中英祖特别喜爱大麦饭。民间老百姓一般是夏季吃大麦饭，英祖有一天厌烦了米饭，就命人准备了大麦饭。

2. 药茶

↓ 人参茶：朝鲜王室的代表茶饮是人参茶和金银花茶。其中人参茶是最为常用的药茶，在恢复元气方面疗效显著。特别是在没有恢复常膳，即正常饮食的情况下，必备的良方就是在食用谷类米汤保护脾胃的同时再饮用人参茶来补充气血。

↓ 青皮茶等：青皮茶有去宿毒、补精力的功效。将青皮洗净炖煮，加糖来服用。此外还有金银花茶，被当作清热特效茶饮用，因此针灸治疗之后可用生脉散与金银花茶来降热，再在茶中掺入牛黄粉同饮。与药物相比，药茶即使饮用不当也不会引起大问题，因此成为宫中常用饮品。

↓ 干葛茶，生姜茶：因风寒引起的寒热之症可服用干葛茶来降温。干葛茶尤其对止烦渴具有特效。此外生姜茶（汤）也是王室经常饮用的一种药茶。

标注人体穴位的人像。朝鲜时代，青铜材质，高86cm，韩国国立故宫博物馆收藏。人像上用点标注出全身的穴位，用线标注出气血运行的经络。据推证为宫中内医院曾用物件。

↓ **马桶茶**：马桶茶是采用冬季济州岛吃草的幼马的屎风干后做成的茶饮，被认为具有明目的功效。不过英祖却曾说过不喜欢饮用马桶茶。

↓ **松节茶**：严格执行禁酒令的英祖曾担心过百姓会沉溺于散发酒味的松节茶。因为他觉得那些喜欢美酒辛烈味道的酒鬼们会因禁酒令买不到酒而转向饮用松节茶。此外，由杜冲烹制成的杜冲茶也是王室经常饮用的一种药茶。最后还有一种药茶是用梨汁或姜汁来治疗痰疾和咳疾。显宗的咳疾就是根据《寿世保元》中的"治痰壅方"，采用梨汁、薄荷汁、蜂蜜等混合后隔水熬制成药汤来治疗的。

3. 特制食品

提到王室药膳自然会联想到特制的补养品。前文提及的朝鲜王室药膳中的粥或茶等其实都不复杂，现在我们要讨论的特制食品也同样不是什么奇特难寻之物。特制食品体现着王室节制的饮食态度，其中最为常见的是"九仙王道糕"、炖鲫鱼、烤鲫鱼以及炖牛百叶或蒸牛百叶等。

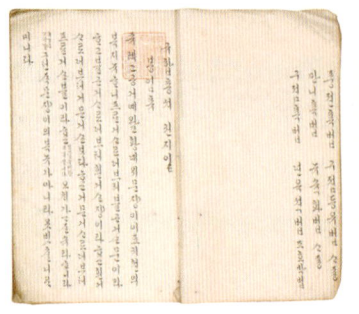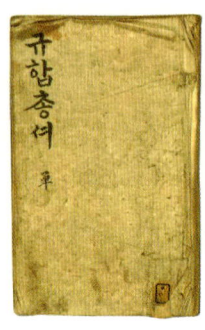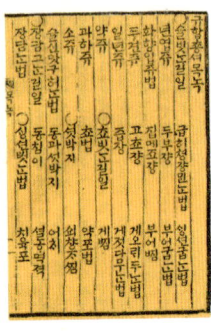

《闺阁丛书》中详细地记录了朝鲜王室食用最多的食品之一九仙王道糕的相关内容。

🌱**九仙王道糕**：九仙王道糕是调节脾胃、补益元气的代表性食治药膳。仁祖早年脸色发黑、音色凝滞，来问安的大臣们都认为这是肺胃虚弱所致，因此仁祖经常食用九仙王道糕。

九仙王道糕在民间也流传甚广。19世纪编辑而成的《闺阁丛书》中详细介绍了其制作方法。首先将各种药材蒸制为粉末，然后将这些粉末熬粥或做成年糕等来食用。特别在早晚饥饿之时，一般是为了便于消化而做成粥品。英祖本人不喜食年糕，因此比起做成年糕的吃法，英祖更青睐粥品。

🌱**鲫鱼**：炖鲫鱼是最为广泛食用的药膳。尤其在不能食用肉类制品的情况下，鱼类制品就会被摆上餐桌。炖鲫鱼常配上白米粥一同食用。英祖曾感叹自己直到64岁才完全领悟了鲫鱼粥的真味。

孝宗时期，为了让素食的王后能够保养身体，孝宗曾劝她进食肉膳。牛百叶属于畜肉类，因此王后不能食用，而炖鲫鱼因是鱼肉类则可以进食。炖鲫鱼被当作调节脾胃、恢复元气的"圣药"。此外,烤鲫鱼也是王室特制食品,还有生鲫鱼片也经常食用。不过,即使鲫鱼是调节脾胃的最佳食品,在食用中也有需要留意之处,麦门冬与鲫鱼相克,要避免同时食用。

鸡、鹌鹑:黄鸡和鹌鹑不仅味道好而且大补元气,因此经常作为王室药膳来食用。鹌鹑还可以做成鹌鹑脍生吃。英祖时期,画家金寿奎的堂弟金万奎身染疾病,因其通晓医术,便进食了鹌鹑脍。吃了200多只鹌鹑后,金万奎不仅病症痊愈,花甲之年还身体康健。因此金寿奎据此奉劝英祖食用生鹌鹑。虽然英祖回复称自己不喜欢生食,但并不拒绝以鹌鹑为食材的菜肴。

禽类菜品中食用最多的是鸡肉。黄鸡在王室中作为药膳来食用。鸡肉可以养胃、促进食欲,与牛羊肉一同食用则是众所周知的食治药膳。尤其是母鸡,采用炖食或蒸食的方法最好。英祖为治疗贞圣王后丧期中因素膳所患之症,而服用了鸡肉羹,还提到了鸡肉羹不如"水蒸鸡"美味。

另外,鸡肉也可以作为饺子馅来食用。肃宗晚年不能顺利进食,勉强进食了些粥品以及加入了鸡肉和雉鸡肉馅的特制药膳"黄雌鸡馄饨",以及蒸牛足等。不过,日后像饺子和牛足之类的荤食因王不喜食用而停止了供应。有趣的是,"黄雌鸡馄饨"是朝鲜王室的御厨们根据中国医书《医学入门》中所介绍的药膳研制出来的。此外,鹧肉也可用于药膳。仁祖受腹泻折磨时就曾在服用山药粥的同时进食了鹧肉。

🌱 **牛膁**：与禽肉同样具有代表性的肉类食材是牛百叶，在韩语中被称作"膁"或者"牛肚"。一般采用炖食的方法，也用于熬粥。英祖的口味非常挑剔，平时并不喜欢牛百叶，但对于作为补充元气的药膳，英祖则称赞牛百叶清淡美味。

牛骨髓也作为药膳来食用。英祖时期，大王大妃因素食而生病，太医们建议服用牛骨髓、牛百叶、陈鸡等，但大王大妃因平时就不喜食这些食材而并未食用。第二天李匡师劝诫大王大妃说人参茶或参剂只能增强阳气，对于素食引起的病症并无效果，应进食荤菜，而牛骨髓对于治疗眩晕症很有效，因此向大王大妃进奉了牛骨髓。不过大王大妃还是拒绝了。

🌱 **肉汁**：无法进食荤菜时，就要用肉汁来恢复元气。人的乳汁也是一种保养品。尤其在长期服药的情况下，特别是药性较强的药，脾胃很容易受到伤害，因此要经常服用人的乳汁和粥来保养胃气。鹿血和鹿尾也可用来食用。英祖就非常喜欢鹿尾。

🌱 **海产**：海洋中获得的食材也常用在药膳中。最高级的海产品是鲍鱼。鲍鱼根据食用方法分为生鲍和熟鲍（熬粥或蒸食），特别是生鲍，宫中食用颇多。还有生鱼片，各种鱼类都可以做成生鱼片来食用。此外还有牡蛎汤（石花汤）。

英祖对海螺很感兴趣，曾询问过臣下是否可以食用。英祖本人从没吃过这种海产，因此向群臣询问了海螺能否生食，与鲍鱼又有什么区别等具体的问题。由此可知，为了增进食欲、恢复元气，王室针对各种各样的食材进行过多次讨论。

🌿 **鱼子、干鱼**：鱼子和干鱼是能够增进食欲的食材。英祖的口味很挑剔，当时御厨请示英祖厨院中收到的各种鱼子中，除鳟鱼子和鲑鱼子以外，是否还需要明太鱼子等其他各类鱼子时，英祖回答说自己本来就不喜欢鱼子，鱼膳越吃越腥，难以下咽。英祖不仅不喜欢鱼肉，连鱼干也因太咸而弃之不食。

🌿 **山菜**：除了海产之外还有松茸等山菜也是药膳食材。英祖本不喜欢菌类食品，但英祖九年吃过松茸之后曾对其赞不绝口。听闻大王大妃也非常喜欢松茸，英祖遂命将松茸做熟后进奉给大王大妃。因宫外之人熟知炖食方法，因此松茸由宫外炖制后进奉宫中。另外，大王大妃不喜欢油腻之食，制作过程中是不能加油的。这是由于油多会导致菌类食品产生肉类食品口感的缘故。

为了增进英祖的食欲，厨院准备了荠沈菜泡菜。英祖听人们都说荠沈菜泡菜好吃，于是尝了一下，觉得味道又不像葱又不像蒜，没什么好吃的。有一位大臣回答说，虽然首尔产的荠味道不好，但将淮阳或金城等山沟里长出的荠泡在木罐子中制作成泡菜的话，味道自成一绝。

🌿 **砂糖、灶糖**：砂糖和灶糖因味道香甜而被当作增进食欲、调和脾胃的食物。在服用苦药的时候尤为重要。但问题是好糖难求。据考证18世纪已经从中国传入了很多砂糖制品。与砂糖不同的灶糖是加入生姜粉和桂皮粉制作而成的。英祖从小就非常喜欢灶糖，还嘱咐制作时只加入干姜粉。

✤ **特制食品**：还有一些稍显特别的食品。如将收集的腊月初雪化成的"腊雪水"，以及针灸治疗过后用来降温生津的西瓜或加了冰的"冰餐"食物。口渴时或酷暑中可以食用加入冰的冰面。英祖曾经非常喜欢这种面。

此外还有"胎水"，即羊水。因为食用需要特别小心，所以精通医药的金锡胄还因此被召至宫中参与商议。此外，王室女性也会为了健康小饮几杯。太后就曾因失眠而饮用了一些母酒。英祖下达了严格的禁酒令之后，各宫之中的早饭酒、端午节"新煮香醅"、春夏秋冬"四名日"的"物膳酒"等都被取缔了，但大王大妃殿却曾有例外。不管怎么说，英祖将酒看作"狂药"，坚持执行滴酒不沾的禁酒严令。他认为用菖蒲酿制的酒或内赡寺进奉的"五上司药草酒"等都是巧借名目，为饮酒找借口，因此同样加以取缔。还有"除夕放炮酒"也不可避免地被禁止了。英祖认为如不加防范，酒就会让人放浪形骸、恣意妄为，因此要防患于未然，所有种类的酒都应当被禁止。

总而言之，朝鲜王室的养生之法是建立在儒学（性理学）理想的基础上的，认为在事态扩散之前未雨绸缪加以防范是上上之策。王室将对心性在离经叛道之前的制约，即对"未发心"的制约放在以"居敬穷理"为核心的性理学视野下，认为生病之前要进行预防，用药之前要用食物来保养，甚至会因担心醉酒放纵而干脆下达禁酒令。朝鲜时代的最佳养生法就是遵循性理学理想的"节制性的生活"。

从远处感受王，
王室出巡

朝鲜后期百姓所见的王室，王室的重生

金芝英 · 首尔大学历史研究所　高级研究员

九重宫阙中的国君

朝鲜时代,王的政治活动主要在宫中进行。人们把王称作"九重宫阙中的国君",认为王本应该属于那座守卫森严的深宫。这其实并不是百姓们想当然的看法,而是真实地反映出王无法轻易接近这一事实。

王若要出宫会受到诸多限制。朝鲜王朝的性理学君主论将《大学》中提到的"修身、齐家、治国、平天下"理念运用到了王的统治理论当中,要求王严格约束自己的言行、提高修养,并顺利实现治内百姓教化、政治安定的局面。因此,王没有必要也不应该经常出现在百姓面前。这种君主论在很大程度上限制了王的行动范围和内容。

朝鲜时代的王是一国之君,王的言行举止会影响到国家的形象,因此王的活动从准备到实行都有一套苛刻的程序。

王出行要有数千名军士随行，朝廷的众多官员也必须"集合"起来，不仅耗费财力也劳师动众。正因为这个原因，大臣们都反对王无故出宫。因此以善政贤君为目标的朝鲜王朝国君若要出宫只能找出合理的理由，否则也只能止步宫门了。

如果细究一下朝鲜时代王的出行情况，就能发现出行的方式并不是一成不变的。这其中反映出对"王应当如何统治"这一问题不同的理解。时期不同，出宫名分，即王出宫的目的和出行形象也不同。根据这些变化，朝鲜时代的百姓们眼中的王和王室形象也随之发生了变化。

出宫狩猎

虽然朝鲜王朝于1392年建国，但汉阳直到1405年才具备京城的规模。因此朝鲜初期没有必要对宫内宫外进行区分。太祖、定宗、太宗都在生前传位于继任者，退居为"上王"，因此行动自由，出宫也较为频繁，与后期王的出巡难以进行比较。那么确立了以集贤殿学士为中心的儒家统治秩序的世宗情况如何呢？

据《朝鲜王朝实录》记载，世宗时期王出宫的记录不在少数。世宗于世宗五年亲政后，依旧经常出宫，与上王健在时并无二致。出宫原因也非常简单，去东郊、西郊、南郊、杨州、江原道等地进行狩猎或操练的出巡活动占到每年出巡的70%至80%，其余大部分是为了迎接使臣而移驾慕华馆或太平馆。

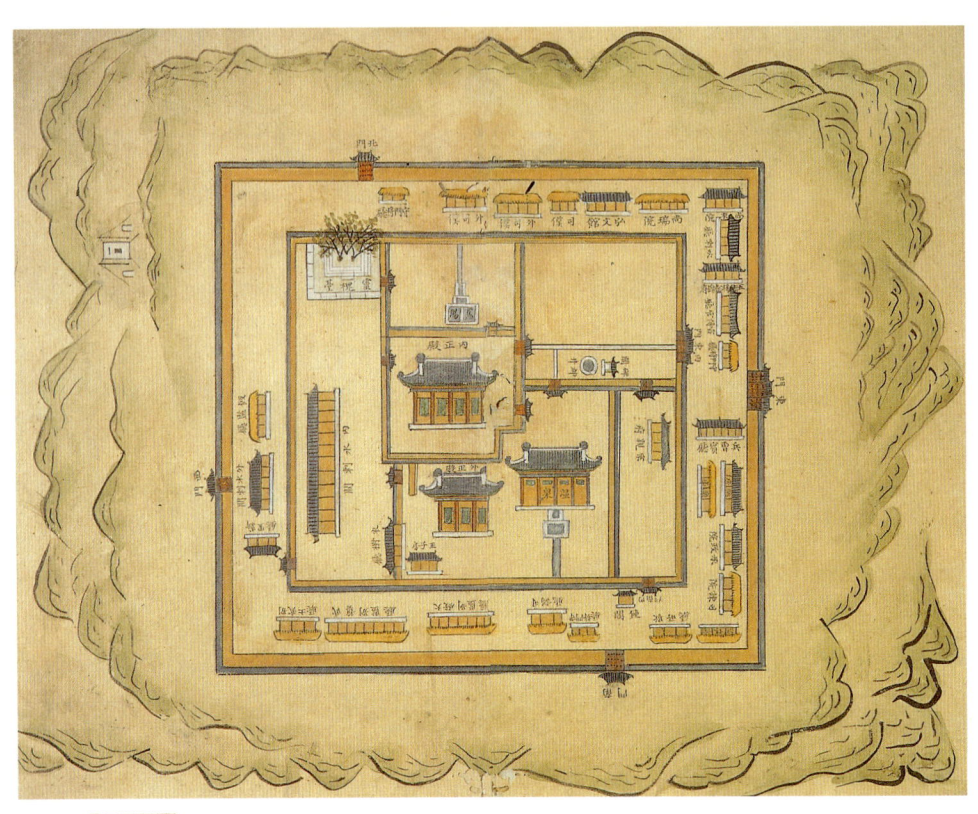

《温阳别宫全图》（李亨元编），39.4×25.5cm，奎章阁韩国学研究院收藏。绘有王的寝殿内正殿和王处理事务的外正殿，以及弘文馆、承政院、尚瑞院、司谏院、守门将庭、水剌间等建筑。

王出巡狩猎的同时也对军士们进行操练，军士们可以进行马球、射箭等活动，或者检测新研发的战舰和武器。从世宗十年开始，王曾多次到京城近郊考察农业发展情况，但这种出巡考察与出巡狩猎或操练军士相比，数量就显得少之又少了。虽然也有很多人反对王出巡讲武或狩猎，但是主张为对抗倭寇或莠民必须加强兵力的世宗一直处于上风。此外，世宗为了治疗眼疾等顽症也巡幸过温阳、江原道利川、忠清道清州、椒井等地的温泉。像这种远行的情况，王一般会在地方行宫住上三十五至七十天。

世祖时期王的出巡情况也大同小异。世祖五年，王出巡狩猎达八次，观武才（朝鲜时代，由王下令举行的不定期的武科考试）十二次，出宫接见使臣三次。世祖六年，王巡幸了黄海道和平安道。世祖八年，王又去江原道一带操练军士，甚至还有传说提到王曾在五台山上院寺中亲眼目睹了观音菩萨现身。世祖出巡经常带上王后，这也是世祖朝的一大特点。

修省自我的王

从成宗朝到中宗朝，以狩猎和操练军士为主的出巡发生了本质上的变化。成宗时期，由于初登政治舞台的士林派大臣坚决反对，王出巡狩猎的次数大幅减少，取而代之的是了解农业发展情况的出巡考察以及拜祭祖先的"陵幸"增多了。此外，王也会出宫移驾至东大门外，举行祈求丰年的"先农祭"，并进行"亲耕"仪式。王室通过这些出巡活动来塑造心系民生的国君形象。

中宗时期，王出巡狩猎的次数更加大幅减少。中宗将向来喜欢狩猎和游戏的燕山君赶下王位，并宣称要让国家政治回归正统而登上王位，因此中宗自然会严于自律。再加上朝中秉承

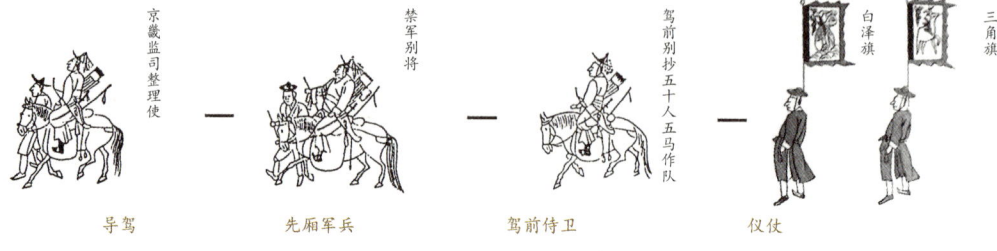

御驾行列,《园幸乙卯整理仪轨班次图》部分,正祖十九年(1794年),奎章阁韩国学研究院收藏。从队列前部开始依次是负责整个队列的"导驾"、负责队列护卫的"先厢军兵"、负责队列前段侍卫的"驾前侍卫"、负责托举象征君威的依仗物的"依仗"、随王出行的大臣以及军士、承旨、史官以及王室宗亲等。

儒家修身理念的大臣越来越多,这些都促使中宗朝的礼仪和巡幸制度发生了变化。除了中宗七年巡幸峨嵯山、中宗八年巡幸箭串之外,并没有进行过以狩猎为目的的出巡。而以操练军士为目的的出巡比起成宗朝也大幅减少。大臣们时常规劝王要钻研圣学、修养内心,而征兵不仅加重百姓的负担而且对道德修行也并无益处,因此大臣们非常反对王以狩猎和讲武为目的的出巡。

取而代之的是,王室经常举行为了展现尽心竭诚对待父母和先祖的国君形象而进行的仪式和巡幸。不仅巡幸王陵的次数大幅增多,王在宗庙亲自举行祭祀的活动也非常频繁。此外,王还会在宗庙或"风云雷雨坛"亲自举行祈雨祭。王心系百姓疾苦,大量减少侍卫和仪仗,甚至不乘坐轿辇出行,亲自在城门外的祭坛上举行祈雨祭,这样的国君形象成为朝鲜百姓眼中一道新的风景。

正如前文所述，王出巡的具体情况在不同时期有所不同。与 15 世纪相比，16 世纪在宫外见到王的机会整体上有所减少。进入 17 世纪后，王的出巡情况又因其他原因而展现出新的局面。

王，藏于深宫

16 世纪末至 17 世纪前叶，朝鲜王朝经历了两次灾难深重的战乱，王宫毁于大火，都城惨遭蹂躏。而在这种危急时刻，王和王公大臣们的表现却让人大失所望。在百姓面前抬不起头的朝鲜国君们在经历战乱之后就开始藏于深宫之中了。外出躲避战乱的宣祖回到汉阳后，十年都不曾踏出寝殿庆运宫一步，直至辞世。

仁祖的情况也一样。通过政变登上王位的仁祖的出巡活动主要集中在丙子胡乱[1]之前。仁祖在三田渡屈辱投降之后，为了接见前来善后的使臣，不得已去过几次慕华馆和南别宫。除此之外，仁祖就一直呆在昌德宫或敬德宫中。

---

1 1636 年 12 月至次年 1 月清朝皇帝太宗入侵朝鲜的事件

孝宗时期，王的年平均出巡次数大约在十一次左右，比仁祖时期增加了两倍。不过大部分集中于慕华馆和南别宫。清朝担心朝鲜王朝归顺后烽烟再起，就经常派使臣出使朝鲜。使臣在都城停留期间，因宴请和外交礼节等原因，王不得不经常出宫。孝宗巡幸王陵的陵幸次数也比以前多，但陵幸实际上是为了北伐操练军士的意图非常明显。王每次陵幸时必在途中设操练场地操练军士。届时，王策马奔驰，大臣们在后面慌乱追逐，那种告慰祖先的庄重形象以及御驾出巡的威严形象便荡然无存了。

显宗时期，王出巡的次数又减少了一半，大概两个月一次，整体情况与孝宗时期相同。不过要说显宗时期王出巡有什么特别之处，那就是王曾五次临幸温阳温泉。若考虑到当时的经济状况以及民意所趋，每年都进行的"温幸"就显得勉为其难了。而且因病痛而临幸温泉的王每次看到旷地都会调动兵力演练阵法，横渡汉江时又操练水军，这种热衷于军备训练的行为让人们不仅怀疑王临幸温泉的真正目的。

心系百姓，重出宫门——肃宗重整王室历史

从肃宗时期开始，王的出巡目的发生了重要的变化。首先巡幸宗庙的次数大幅增多，此外祈雨祭、文庙[1]酌献礼[2]、拜谒

1　供奉孔子神位的祠堂
2　王参拜宗庙祠堂时敬酒的仪式

真殿等出巡活动也增多了。巡幸宗庙从1695年开始成为例行活动。在这之前肃宗还举行过太祖继妃神德王后的祔庙[1]仪式、为朝鲜第二代国君定宗拟定庙号、重新评价太祖威化岛回军[2]的历史意义并拟定谥号等仪式。不仅如此，肃宗还将保存于全州庆基殿内的太祖画像送到京城临摹之后奉于京城内的真殿（保存王的画像并举行祭司的场所，在这里指的是永禧殿），数次亲自去参拜并进行祭祀活动，将真殿变成了缅怀太祖这位开国君主的重要象征性场所。

肃宗在对前朝国君进行重新评价并开展历朝历代都要进行的宗庙修缮工作的同时，作为朝鲜王朝治下所有百姓都会认可的匡扶义理的国君，他将宗庙的地位和巡幸宗庙的过程都做了改变。王亲临宗庙，走的不是从宫中到宗庙北门的隐蔽道路，而是备下卤簿（王出巡时需要的轿子和仪仗），威风凛凛地行进。肃宗以这种姿态来显示自己作为朝鲜王朝的统治者已经成为那些竭力完成使命的先王们的继承者了。

肃宗的陵幸也打破了前朝国君们主要巡幸亲近的血亲陵墓的常规，而改为临幸历代国君的陵墓。也就是说将陵幸从个人情感的表达变为以国君身份向先王们进行的国家礼仪的表达。从这个时期开始，王的出巡便从个人行为上升为朝鲜王朝最高统治者的政治行为。

1　三年丧满将牌位放入祠堂。
2　高丽王朝末期的军事政变。1388年，高丽王朝派遣李成桂征讨明朝控制下的辽东，李成桂在鸭绿江的威化岛造反，回军攻陷京城开京，废黜了祸王并流放了大臣崔莹。

君主制的强化与王室的重生

英祖时期，王出巡的次数有所增多。大概每年临幸宗庙三四次，其中一次是举行亲祭。为了将先王伟大业绩继承者的身份昭告天下而进行的出巡活动也更为多见。除了宗庙和王陵，英祖还亲临很多保有先祖遗迹的地方进行调查和挖掘。

朝鲜王朝的缔造者太祖曾居住过的宫殿从建国伊始就被完好地保留了下来以作纪念，但经过壬辰倭乱和丙子胡乱后，很多遗址都遭到了破坏。从肃宗时期起，京城之中的太祖遗迹开始得到修缮，到了英祖时期，不仅太祖的龙兴旧宫、旧基等得到保护，英祖还进一步将所有先王的遗迹列入到保护范围之内。在这当中，包括仁祖的于义宫、元宗的松岘宫、孝宗的于义洞本宫等先王旧宫。

荒废的故宫遗址也被作为新政府所在地的建筑基础，即壬辰倭乱时毁于大火的景福宫遗址、宣祖从义州回来后居住并处理政事以及仁祖登基时所在的庆运宫遗址等。朝鲜王朝建国以来，历代国君所在的景福宫曾举行过科举考试、朝会、授予尊号仪式、亲蚕礼等大规模的国家礼仪，这里承载着伟大先王们的丰功伟绩。英祖通过对景福宫进行重建让它重新回到了朝鲜广大臣民的视线中。此外，英祖还从拥挤的民宅之中找到了连地基都踪迹难寻的庆运宫遗址，并通过在那里举行仪式恢复了庆运宫当年的风貌。

不仅是宫殿旧址，英祖下令将京城内外所有先王遗迹都进行了复原，包括1405年太宗回到曾暂时放弃的汉阳时逗留过

英祖巡视清溪川疏浚工程的场面，奎章阁韩国学研究院收藏。

的地方，仁祖带领反正军回京城时经过的彰义门，京城之外豆毛浦的流霞亭，杨州的丰阳旧宫，义州、永柔、海州、平壤等地先王们曾驻扎过的地方以及仁祖诞生地等，这些地点都作为纪念场所得到了重建。与此同时，英祖在王妃们的史迹地也进行了纪念活动。英祖曾亲临仁显王后、仁元王后、父王肃宗的后宫宁嫔金氏、生母淑嫔崔氏的娘家私宅及出生地等处凭吊，并在这些地方立碑留念或悬挂御匾，在不同的地方追忆了曾经的王后们。

艰难登上王位的英祖希望自己能够成为凌驾于群臣之上并善于调和社会矛盾的至高无上的君主。因此，在处理堆积如山的政务的同时,赋予君主任何人都无法否认的合法性成为当务之急。为了化解王及王室的重大危机,英祖将视线投向了过去。通过缅怀创建朝鲜王朝的历代君主的丰功伟绩,英祖让先王们重新回到人们的记忆之中。他要向朝鲜王朝八道[1]的百姓们宣告自己正是这些伟大先王在血统上和政治上的继承人,以此来强化君主的合法性。

此外,英祖还实行了礼待君主私亲[2]的"宫园制"。宫园制将君主私亲的祠堂和陵墓制度置于仅次于君主的宗庙和王陵制度之下。英祖不仅提高了祭祀的规格,还一直寻找私亲的祠堂,向百姓宣告该处不是普通嫔妃的祠堂,而是国君生母的祠堂。

英祖除了礼遇私亲之外,还举行了向大王大妃表达诚意的仪式。英祖时期,无数次的尊号礼仪、进宴进爵等王室宴会大部分都是为王室的母亲们而举行。英祖为了强化君权而进行的种种努力让朝鲜王朝的臣民们重新认识了"朝鲜王室",并将其认定为一种天经地义的存在。自朝鲜王朝开国以来一直并存的朝鲜王室在18世纪就这样获得了重生。

英祖所促进的对先王们的缅怀与敬仰,与英祖为民生不辞劳苦的身影结合起来,让英祖最终成为了可以堂堂立于万民之前的君主。干

---

1 八道是1895年以前朝鲜王朝辖境内的行政区域划分,分别为江原道、京畿道、庆尚道、全罗道、忠清道、平安道、咸镜道、黄海道。
2 指非王后嫡出的君主的生母,或指成为王或王世子的王室宗亲的亲父母。

旱时节，除了宗庙和社稷坛，英祖还亲临京城近郊的祭坛，熬夜亲自举行祈雨祭。祭祀结束后，英祖还在回宫途中为考察农事停住御驾，现场了解官吏们不曾经历过的百姓疾苦。如有必要，英祖还会将百姓们叫进宫门亲自接见。此外，停滞了一百五十多年的"亲耕"或"亲蚕"等仪式也在英祖时期重新登场了。英祖通过这一系列让百姓心服口服的政治举措最终在人们心目中重新树立起一国之君的威望。

英祖作为一国之君与百姓见面的机会不仅局限于陵幸等远距离出巡，也包括各种微小的巡幸。因此在英祖时期，即使是与先王们相同目的的出巡，英祖也会增加在宫外停留的时间，天黑后才回宫的情况屡见不鲜。为了让百姓们能够一睹圣颜，即使天气不好，英祖也总是将轿门敞开着。

上述这些英祖的出巡新气象在正祖一朝也得到了积极的继承。宗庙或社稷亲祭、陵幸等成为每年例行的活动。正祖在出巡途中为百姓实行的种种举措以及对先王们的纪念活动等也与祖父英祖如出一辙。王出巡的路上，百姓鸣锣向王申述会遭到责罚的规定或被取消或被放宽，而且出巡途中，向百姓传达的汉文旨意必须用百姓听得懂的谚文翻译过来。提到正祖时期的国君出巡就不可避免地提到正祖为了遭遇厄运的父亲庄献世子而临幸显隆园或景慕宫。特别是将拜峰山山麓的陵墓移至华城后，正祖每年正月或二月都会去一趟华城。浩浩荡荡通过汉江桥面的国君队列已经成为京城百姓眼中习以为常的一道风景。

华城陵幸图屏中《始兴还御行列图》部分，朝鲜正祖时代，韩国国立中央博物馆收藏。图中描绘的是正祖为了纪念生母惠庆宫洪氏的花甲之庆，陪惠庆宫去了思悼世子的显隆园所在的华城，在举行盛大的宴会之后返回昌庆宫的场景。作为朝鲜时代国君出巡记录画中的优秀作品，此画笔法华丽盛大、内容丰富，是既能表现正祖奉奉孝心又能反映出当时华丽浪漫画风的杰作。

御驾队列照亮夜色

在国君主导的仪式和出巡所蕴含的意义不断加深的同时，御驾队列也发生了一些大大小小的变化。不仅象征国君的旗帜和器物等装备一新，而且出巡队列参与者的衣服和装饰也都经过精心准备以显示他们都是国君的臣民。为了让御驾出巡队列有条不紊地按指挥前行，众多军士们都要按照方位穿上不同颜色的服装。指挥军士的大将们都必须脱下与文臣相同的朝服，身着戎装。军装整齐，军旗飘扬，步伐随鼓声井然有序前行，这些都突出了御驾队列的威严。

此外，御驾队列的参与者们都必须收敛个人的锋芒，融入到队列中去。队列随行侍从的人数也有严格的规定，他们根据不同的出巡目的统一着装，体现着尊卑有别、不能僭越。

站在王近前的护卫军士穿着象征国君的红色号衣（红色军服），与队列中的其他人员形成鲜明的对比，因此仅从颜色上就可以将王的御驾队列与王世子等其他王室成员的出行队列区分开来。另外，只有王下达命令时所用的令旗是红底青字的。御驾队列照明用的灯笼也是用红绸制作而成并镶上青边，与王世子所用的鸦青灯笼及军队中所用的蓝色灯笼截然不同。御驾队列不仅具有视觉上冲击力，王出巡时乘坐的御轿上还配有王室专用的特制芙蓉香，这缕缕幽香让那些没有亲眼目睹御驾队列的人也能真实地感受到王的存在。

英祖以后，王的出巡活动开始不分昼夜地进行。夜间御驾队列行进时，用大量的灯火照亮昏暗夜色，这也成为朝鲜时代漫漫长夜的一道新风景。在以前,即使是国葬队列,也会因为需要准备大量的火把增加费用支出,而被取消照明或改为天亮出发。与此不同,18世纪的国君们采用了在费用和管理上都负担较少的五
色灯笼制度,增强了御驾队列的华丽的视觉冲击力。英祖时期,那些明亮的灯笼闪耀在为横渡宽阔的汉江而搭建的壮观的舟桥之上,赋予了国君更为丰富的形象,让百姓们感到王就是照亮黑暗无望的世界的明灯,就是变不可能为可能的希望。

通过18世纪朝廷的这一系列整顿,御驾队列成为让人远远一观就能感受到王室威严并愿意俯首臣服的队伍。这种形象与国君出巡内容上的变化,即进行各种出巡是为了让国君成为为百姓施政的统治者这一目的相结合,让王不再被当成"密室的继承者",而逐渐被认同为"百姓的国君"。这正是18世纪前后一百多年间朝鲜王朝国君的出巡及礼仪中所真正体现出的意义。

19世纪，华丽王室礼仪的光芒和阴影

进入19世纪，御驾队列的形象并未发生大的变化。如果要细究的话，那就是王室其他成员的出行队列变得比御驾队列更为华丽。作为纯祖的儿子而代理朝政的孝明世子的仪仗比三百五十年前的王世子多出了两倍，多达一百零六个。这是与王的法驾仪仗相配的规模。王的私亲也有四十五个仪仗，大王大妃、中殿（王后）有五十五个，规模不相上下。特别是从高宗嘉礼队列中王的私亲大院君及其夫人的轿子就可看出其规模的盛大，可以说这是显示着王室可以公然出现在百姓视线中的重要变化。

王室典礼也变得更为华丽和奢侈。从正祖朝到纯祖朝，记录王室典礼的仪轨对场面的描绘也变得更为细致。不过仪轨主要集中在宴会和大王大妃的尊崇仪式上。18世纪为了强化君权而实行的各种仪式变得例行化，为了迎合权贵，典礼的内容也变为只为"王室女性"进行。与此同时，典礼之中理应具备的为百姓施政的理念逐渐丧失，华丽的王室典礼演变为王室自己的庆典。

不过通行京城的御驾队列在19世纪仍然是汉阳城中值得观赏的一道风景。19世纪中叶歌唱京城勃勃生机的长篇大作《汉阳歌》的结尾部分就是对阳春三月巡幸华城的御驾列队进行的描写。虽然三月的华城巡幸并非年年举行，但纵横京城内外的御驾列队开启了新的沟通渠道。这当中，历经一百多年，王室对于权力的众所周知的追求，一直深深地印在朝鲜王朝子民的脑海中。

高宗嘉礼列队中大院君及其夫人的轿子,奎章阁韩国学研究院收藏。

王礼节性饮酒之日

宫廷宴会的种类和变迁

金锺洙 · 首尔大学国乐系　讲师

品尝酒食、分享快乐的宫宴是调节人际关系、加强相互联系、促进社会和谐的必要之举。宫廷宴会不仅是欢聚一堂的聚会,也是表演舞蹈和音乐的文化空间。

放下谨严欢聚一堂

　　根据设宴的目的可以将宫宴分为会礼宴、养老宴、进宴、使客宴等几种,如果根据参加宴会的宾客来划分则又可分为外宴和内宴。

　　会礼宴是王和文武百官欢聚一堂的宴会。王与百官之间的关系如果只用严谨和尊敬来维系的话,就会失去情谊。真若如此,百官便不会对王尽心规劝,而王也同样不会诚心接纳,因此王室才会利用这样的机会来增进上下之间的情谊。不过,会礼宴并不仅仅是王会同王世子及文武百官一同进行的宴会,王妃也会带领王世子嫔及内外命妇（获得封号的妇人）一同参与。

养老宴是为了招待年老者而设立的宴会。王和王妃一同出席宴会，不仅表达对年长者的尊敬之情，也意在激起民间敬老之风。关爱父母之人也会善待他人，恭敬父母之人也会敬重他人，可见孝乃万事之本。而且"养老"也与"治道"紧密相连，可助家门兴旺，世代不衰。养老宴上只谈敬老，不分贵贱。1432年（世宗十四年）王室制作养老宴仪注[1]时，就不分"庶人[2]"还是"贱人[3]"，将与会者都列入了与会名单之中。

使客宴是为了增进与邻国间的友好情谊而款待中国、日本、琉球等各国使臣的宴会。进宴则一般在佳节、诞辰、病愈等值得庆祝的时候举行。此外进宴还有进丰呈、进馔、进爵等说法。

各种宴会上都会举行相应的仪式。会礼宴和进宴上，首先会向王献寿（向王进酒以祝长寿），然后王和臣下一起从第三杯酒开始同饮。但在养老宴上，为表对老人的尊敬之意，王从第一杯开始就与大家同饮。另外，会礼宴和进宴上，王世子以下的王室宗亲和文武百官要向王行四拜礼，而在养老宴上，老人们行"再拜礼"，拜一次起身坐下后，只将头向地面点一次就算做"再拜"了。老人们进殿之时，王也会起身来表达恭敬之心。

会礼宴、进宴、养老宴上，为了恪守王与臣下之间的礼仪，向王进酒食时，大臣们要面北跪坐着向王敬献。而在使客宴上，为了恪守国与国之间的礼仪，将中国使臣看作上国贵客，

---

1 记录国家典礼诸事的书籍。
2 无官职的普通老百姓。
3 高丽、朝鲜时代社会最低的阶层。

安置在代表尊贵的东面，王坐在西面，互相劝酒敬食。

从景福宫勤政殿和昌德宫仁政殿都是坐北朝南的建筑方式可以看出，王总是坐在北方，面向南方，大臣们则总是处于南方，面向北方。因此，面向北方则表明自愿臣服。而东西相对则表现的是宾主关系。

使客宴上提举或提调[1]进献食物时，在王面前要跪坐着进献，而在使臣面前则可站着进献，以表示对待王与对待使臣在礼节上有严格区分。

除了使客宴，上文提到的各种宫宴可以根据参加者的不同分为外宴和内宴。即外会礼宴、内会礼宴、外养老宴、内养老宴、外进宴、内进宴、外进馔、内进馔等。

由王主管的外会礼宴上，王世子、宗亲、仪宾（王的驸马等不是王室成员而与王室通婚者的统称）、文武百官等作为宾客参加。由王妃主管的内会礼宴上，王世子嫔、内命妇、外命妇等作为宾客参加。王主导的外养老宴上，从士大夫到贱人阶层的男子老者们作为宾客参加，王妃主导的内养老宴上，从士大夫到贱人阶层的年长妇人们作为宾客参加。会礼宴和养老宴的主导者总是外为王，内为王妃。

养老宴和会礼宴都是内宴以女性为中心，外宴以男性为中心而进行。一般来说，家中如有丧事，若是女性仙逝则称"内丧"，女子与非亲男子不得见面的忌

1　提举和提调都是朝鲜时代负责宫中饮食的司饔院的官职。

讳也称为"内外有别",可见"内"就是指女性,而"外"就是指男性。

外进宴(或外进馔)上只有王、王世子、宗亲、仪宾、文武百官等男子参加,这一点与会礼宴、养老宴的外宴是一样的。但内进宴(或内进馔)上,大妃、王妃、王世子嫔、公主、命妇之外,王、王世子、宗亲、仪嫔、戚臣(与王有外戚关系的大臣)等男子也可以参加。也就是说进宴的内外宴上是不严格区分男女宾客的。外进宴实际上是以参政的君臣为中心,而内进宴则是以王室家族及亲戚,还有命妇为中心的。进宴的主导者在外进宴上总是王,但在内进宴上则可能是王大妃或王妃,也可能是王自己或同王妃一起。

官员们不管是否参政都是王的臣下,但王朝实录中却曾暗示过,事实上参政的大臣是外臣,王室亲姻戚则是内臣,这引起了人们的注意。端宗二年(1454年)五月二十八日,世祖[1]曾命文臣黄孝源进言:"今若公办,则臣等反为宾客,请自办以献一心之诚。若政府以下,则外臣也,公办无妨。"从此言中我们可以对内臣外之分略知一二。

世祖作为端宗的叔父,认为自己不是外臣而是内臣,因此上臣奏想自费承办宫宴。因此可以说进宴上的"外"指的是朝廷大臣,"内"指的是王室家族及亲姻戚。如此详细介绍外宴与内宴的原因就在于根据内外之分,仪式的流程及奏乐乐师等都是有区别的。

---

[1] 端宗是朝鲜王朝第六代王,世祖为其叔父,是第七代王。

与百姓同甘共苦的宫宴变迁

朝鲜王朝前期的法典《经国大典》中有"每岁正朝或冬至行会礼宴,每岁季秋行养老宴"的规定。据此,直到成宗朝(1469~1494),会礼宴在每年正初举行一次,养老宴在每年秋季举行一次,进宴则在病愈、册封、节日、生辰等时候举行多次。燕山君时(1494~1506)也大体遵照了这种规制。

中宗朝(1506~1544)以后,会礼宴和养老宴因荒年而终止,连进宴也很少举办,像在大妃殿举行的宫宴则尽量一年举办一次。宣祖朝(1567~1608)开始,每年正月初一定期举办会礼宴的规制取消了。养老宴也不再定期举行,改为与其他喜事一同办。而进宴也只在有值得庆祝的事由时才会举办。

事实上,直到成宗朝,按照规制举办宫宴的原因与其说是丰年收成好,不如说是当时的典礼制度已趋成熟,典礼备受重视的缘故。而中宗朝以后,对于典礼的重视已转向对性理学理想的实践。因此,仁祖在位的二十六年间(1623年~1649年),只在1624年(仁祖二年)和1630年(仁祖八年)举办过两次进宴。孝宗在位的十年间(1649年~1659年),只在1657年(孝宗八年)举办过一次进宴。更有甚者,显宗在位的十五年间(1659年~1674年),虽曾想为王大妃和大王大妃举办进宴,但却因连续的天灾一次也没有举办成。

肃宗在位的四十六年间(1674年~1720年),曾举办过一次进丰呈和五次进宴。1677年(肃宗三年)11月的进宴是为了安抚丧礼之后的大王大妃和王大妃。1686年(肃宗十二年)

闰四月举办的进丰呈是为了庆祝大王大妃的花甲寿辰。1706 年（肃宗三十二年）八月举行的进宴是为了纪念在位三十周年。1710 年（肃宗三十六年）四月举办的进宴是为了庆祝王的病愈及五十大寿。1714 年（肃宗四十年）九月举办的进宴是为了庆祝王的病愈及在位四十周年。1719 年（肃宗四十五年）九月举办的进宴是为了庆祝王进入耆老所[1]。

通过显宗时期左参赞[2]宋浚吉的进言可知，跟举办一次大型的宫宴来取悦长辈相比，与百姓同甘共苦才是王尽孝的真谛。正是因为这个原因，朝鲜王朝后期所举办的宫宴次数明显比前期有所减少。

《显宗实录》卷十一，1665 年（显宗六年）九月五日（戊子）

> 天灾民怨，如是孔棘，而国家一边为此举措，则远外之民，将必谓国家不恤，而反为丰大之举，将何以自解于民哉？凡人君举措，若不少合于天意民心，则恐非帝王之孝也。

仁祖反正以后，朝鲜王朝后期定期举办的会礼宴和养老宴逐渐取消了，每隔几年才举办一次进宴，会礼宴和养老宴的意义转移到了进宴当中。因此，虽然名称上还沿用"进宴"，但。

---

1 朝鲜前期为年龄超过七十岁的文武官员设立的孝敬机构，朝鲜中期后变为年龄超过七十岁的正二品以上前现职文官，王的年龄不受限制。
2 朝鲜时代议政府正二品官职。

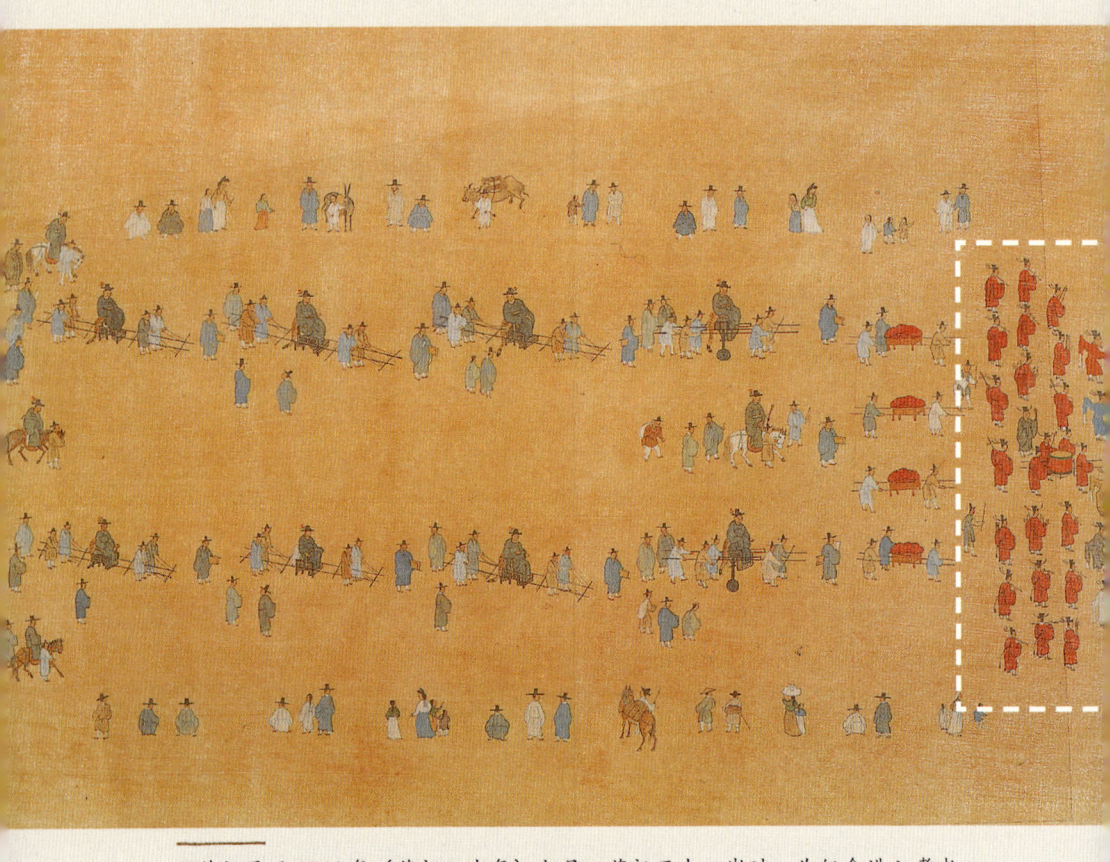

画作记录了 1744 年（英祖二十年）九月，英祖五十一岁时，为纪念进入耆老所而举行的"行礼"和"仪节"场景，韩国国立中央博物馆收藏。右侧的部分放大图表现的是舞童，假面舞者"处容"五人以及乐队队伍。

正祖十九年（1795年）弘化门赐米图。

"进宴"的含义在朝鲜王朝前后期已经大不相同了。也就是说，前期的进宴每年举办多次但规模较小，而后期的进宴几年举办一次但规模较大。这里所谓的规模指的并不是食物的种类及宴乐的配置，而是指分享快乐的范围。

赐米穷人，赈济乞丐

人们在有喜庆之事的时候，一般会备下酒食分享喜悦。不过百姓们分享喜悦的范围仅仅局限于自己的家人，而卿大夫们的亲戚范围就相对广泛了。以此类推，王只有将共享喜悦的范围扩大到天下百姓才会成为真正意义上的国君。因此，朝鲜王朝后期，王室因喜庆之事而举办宴会后，总会进行恩赐，如向首尔或地方的士大夫以下直至贱人阶层的老人们分发米和肉、向穷苦人家赐米、赈济乞丐，或者减少田税、豁免还谷[1]等。

《肃宗实录》卷六，肃宗三年（1677年）十一月二十一日（甲午）

上曰："两慈殿进宴，既已无事行礼，不可无推恩之典。上自大夫士，下至庶贱，无论京外，年七十以上赐米，八十以上加资。"

《园幸乙卯整理仪轨》附编一，六月十八日（惠庆宫花甲生辰）

传曰："今日则抄出其最贫无依者，白给米斗，俾为归饱慈德之资。有大尹行恁分掌五所，同为检饬也。"赐米讫民人等，或橐而负、或箱而戴。歌舞而归，欢声若雷。

上曰："流丐之闻风而来者，几乎填街云。虽难遍施，岂使空还。其以馈物饼果之属分馈以送。"

朝鲜王朝后期，为喜庆之事而举办的宴会结束后，王室对下进行恩赐的做法逐渐成为惯例。再如，1766年（英祖四十二年）八月，王经过几个月病痛的煎熬后，为庆祝康复而举办了宫宴。当时王命令将京城一带的乞丐聚到一起，为他们提供

---

[1] 为了应对荒年或春穷期，政府向百姓租借的谷物。

二十天的饭食,九月三日,王又为市民阶层的老人们准备了宴会,向鳏寡孤独者发放大米,还释放了犯了轻罪的犯人。1868年(高宗五年)十二月,王举行完大王大妃的花甲宴会的第二天,又赈济了很多流浪乞讨者。

实施这些恩典的原因在于,维持社会成员相互关系的坚固纽带正是保持国家稳定的基础。宫宴的喜悦需要人们共同分享,王要把这种分享范围扩大到治下所有百姓。若百姓遭遇荒年流离失所,王室即使有花甲、古稀之喜,也不会举办宴会的。

如,1756年(英祖三十二年),适逢大妃古稀之喜,王率耆老所各位大臣及六十岁以上的宗亲、宰臣进献了贺词和衣料,但并未举行寿筵。再如,1813年(纯祖十三年)是大妃的花甲寿诞,但大妃以荒年为由坚持取消寿诞,因此王向大妃进献了贺词和衣料并颁布了赦令。

防止放纵,恪守礼节

宴会是品尝酒食、分享喜悦的场合,但过于欢庆就容易滑向放纵。因此,王室为了防止这种情况的出现而制定了宴会礼节,以求气氛和乐的同时还不失恭敬,让在座宾客都能欢聚一堂、其乐融融。换句话说,宫宴之上用"乐"来愉悦身心,用"礼"来约束仪态。

下面以1829年(纯祖二十九年)二月纯祖为纪念在位三十周年暨四十岁寿诞而举办的外进馔和内进馔为例进行说

明。"进馔"的含义与"进宴"相同，但比进宴的规模稍小。外进宴、内进宴，外进馔、内进馔等说法容易混淆，因此统一称为外宴、内宴。

◎ 纯祖二十九年外宴

外宴的参与者包括王、王世子、宗亲、文武百官，地点是昌庆宫明政殿，整个仪式的流程大致如下：

- 王世子向王敬呈第一杯酒及贺辞。
- 领议政[1]作为文武百官的代表向王敬呈第二杯酒及贺辞。
- 王世子以下所有宾客一同高呼千岁。
- 副提调向王世子敬酒。外宴执事者向宗亲及文武百官倒酒。
- 宰臣[2]从第三杯开始循环向王进酒，直到第九杯后，宴会结束。

外宴之上王世子和领议政共上呈两篇贺辞，领议政是代表文武百官上呈贺辞。外宴是继承大统的王世子与辅佐政治的文武百官向王敬献的宴会。也就是说外宴是用义理维系关系的君臣之间的宴会，因此必须恪守礼仪。宴会上，百官喝酒之时要从座位上起身，为表恭敬跪拜过之后跪着喝酒，喝完酒后再次拜过，再起身坐回原来的位置。外宴上饮酒不能超过九杯。此外，

---

1 朝鲜时代议政府最高官职。
2 辅佐国君指挥并监督群臣的二品以上官员。

宴会上由乐师演奏音乐,作为舞童的男孩们表演"呈才"。呈才的意思是"呈现才能",就是随着音乐节奏,边歌边舞。外宴上没有女伶和女乐来表演呈才和演奏音乐,这是因为提倡"修己治人"的执政者们要讲究"男女有别",以端正的言行成为道德表率。这种外宴之上舞童跳舞的制度是仁祖反正(1623年)之后确立的。

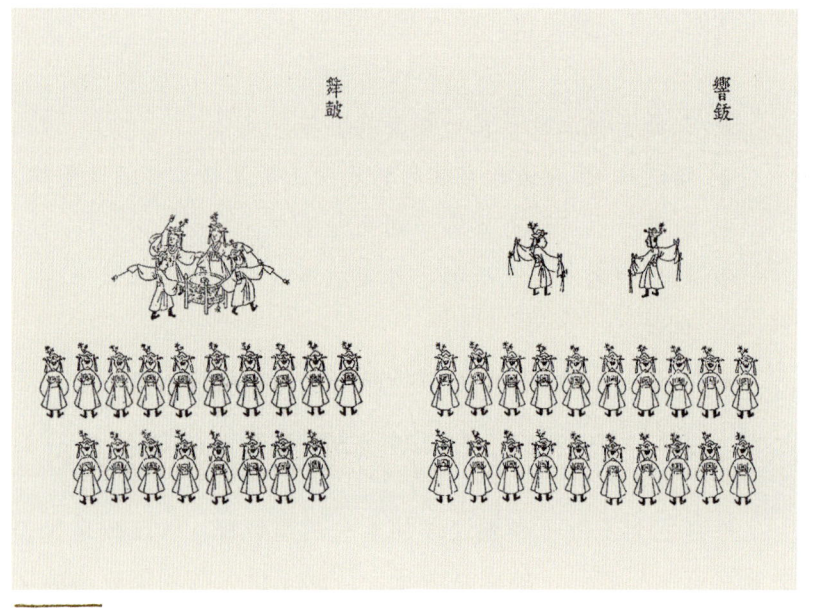

舞童舞鼓(左图)和舞童响钹。

◎ 纯祖二十九年内宴

内宴的参与者包括王、王世子、王世子嫔、命妇、宗亲、仪宾、戚臣,地点是昌庆宫慈庆殿。当时纯祖王妃纯元王后因母亲去世并未出席内进馔。整个仪式的流程大致如下:

- 王世子向王敬呈第一杯酒及贺辞。
- 王世子嫔向王敬呈第二杯酒及贺辞。
- 左命妇、右命妇、宗亲、仪宾、戚臣代表分别向王敬酒直至第七杯并敬呈贺辞。
- 王世子以下所有宾客一同高呼千岁。
- 王亲手给王世子及王世子嫔倒酒,王世子及王世子嫔饮下。
- 典膳[1]给左命妇和右命妇倒酒,女内宴执事者给宗亲、仪宾、戚臣倒酒。

内宴之上,王世子、王世子嫔和左命妇、右命妇、宗亲、仪宾、戚臣代表们上呈的七篇祝辞,表明内宴是通过血缘和姻亲联系在一起的王室家族和亲姻戚及命妇们向王室长辈敬献的宴会。

内宴是用"情"联系起来的家庭宴会。因此在礼仪上体现着家族亲情,不太拘泥于形式。王亲手向王室主要成员王世子和王世子嫔倒酒,就表现出"亲爱"之情。纯祖二十九年的内宴主导者是王,而1848年(宪宗十四年),为庆祝纯元王后花甲寿诞举办的内宴的主导者则是大王大妃,因此是大王大妃亲手给王、王妃、敬嫔[2]到了酒。

左命妇、右命妇、宗亲、仪宾、戚臣等在饮酒时,不用伏地行大礼,直接跪着喝就可以,不像外宴过于拘泥于礼仪形式。内宴上饮酒不超过七杯。宴会时,乐工奏乐、女伶起舞,不过

---

1 朝鲜时代的宫中内命妇的官职
2 敬嫔金氏,宪宗嫔妃

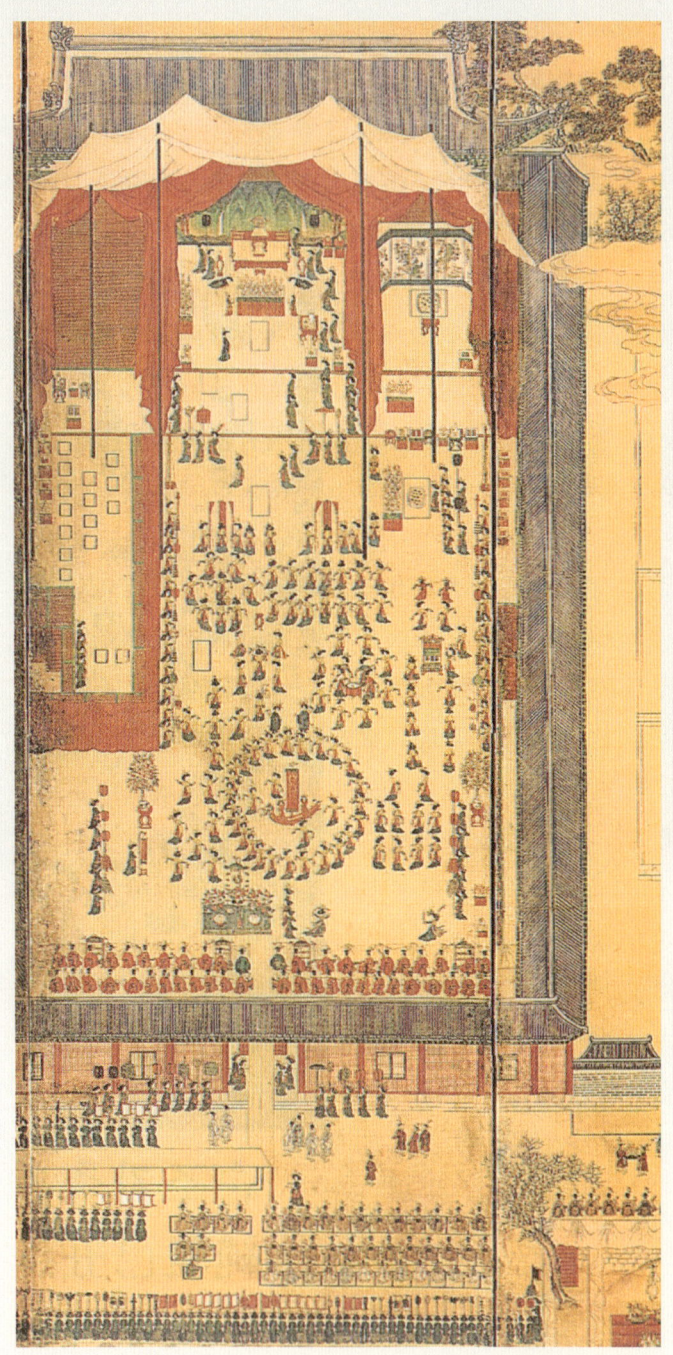

纯祖二十九年慈庆殿进馔图。

因内宴与会者都是王世子嫔、命妇等女性宾客，乐工们要用帐幕围起来以表男女有别。

女乐

下面来详细介绍一下内宴上演奏音乐和表演歌舞的女乐（也称做女伶、女妓）。女乐是大妃和中宫及命妇们参加内宴时，或者正月初一、冬至、寿诞等时节举行命妇们向中宫敬献贺礼的"中宫陈贺""亲蚕礼"等女性宾客参与的仪式时必不可少的部分。朝鲜王朝以儒学统治理念治国，因此中宫参与的仪式上绝不允许有男性乐师的出现。如女乐人数不够，则以被称作"管弦盲人"的盲人乐师来作为补充。

朝鲜时代，因女乐及由其引起的风气败坏问题，朝廷曾屡次商议过革除女乐制度。但在内宴和中宫陈贺这样的仪式上，必须由女乐来负责奏乐歌舞，因此该制度才得以保存。1419年（世宗元年）六月，国家颁布了《官妓奸通禁止法》来制约女乐制度的弊端，但该法令并未得到有效执行。虽然官妓奸通没能得到禁止，但这并不表明这一行为在法律上是允许的。

女乐擅长跳舞和唱歌，在朝鲜王朝开国初期，不管是内宴还是外宴，每有宫宴都必用女乐。内宴上自然是由女乐来负责乐器演奏和歌舞表演，而外宴上除了乐器演奏和舞童是男子之外，歌舞表演也由女乐完成。

1432年（世宗十四年），统治者为了成为"男女有别"

慈庆殿进馔图中的乐童和女伶。

的表率，在作为君臣礼宴的外宴上不再使用女乐，而是让舞童来进行歌舞表演。因此当时选拔了六十名八岁到十岁的男童，这就是朝鲜时代舞童的由来。朝鲜时代前期，只在1433年（世宗十五年）开始的二十多年间，以及1511年（中宗六年）开始的十多年间使用过舞童。仁祖反正之后，外宴上使用舞童的制度被确立下来，直至朝鲜王朝末期。

朝鲜时代前期隶属于掌乐院的女乐是常驻首尔的，以备在宫宴或其他仪式上表演。但仁祖反正之后，掌乐院女乐被取消，举办内宴时，王室从地方选拔女乐进京表演，等内宴结束后再遣散回原地。

从朝鲜时代初期开始的由女乐和管弦盲人一起在内宴上演奏乐器的传统一直持续到1744年（英祖二十年）。但1795年（正祖十九年），即惠庆宫花甲寿诞那一年，正祖在思悼世子的陵墓所在地华城为惠庆宫举办的内宴发生了巨大的变化。由乐师演奏乐器，由医女和针线婢以及华城的女伶们一起进行呈才表演。当然乐师们是由帐幕遮挡的。从此以后，内宴之上由乐师在幕后演奏、由医女和针线婢以及华城的女伶们在台前表演歌舞这一做法被固定了下来。

重大政治性事件，国君宾天

●

王的葬礼和陵墓

金起德·建国大学文化史学系　教授

纯宗皇帝国葬队伍。

先王宾天，新君临朝

即使在普通百姓家中，长辈去世也是非常重大的事件，家中会随之发生一系列的变化。因此，在传统时期，王的宾天对当时社会造成的冲击力是不难想象的。王宾天后举行的各种仪式基本上和普通家庭长辈去世时举行的仪式大同小异，基本的流程和仪式用语等都大致相同，只是规模上更为盛大、构成上更为复杂、时间上更为长久。

朝鲜时代记录所有仪式流程的仪轨中有对王室葬礼的详细记录，但可惜的是仪轨中并没有图画这种表现方式。朝鲜王朝末期，作为近代化产物的相机的出现，使高宗和纯宗的葬礼流程能以照片的形式被记录了下来，成为后世研究国葬的重要参考材料。从葬礼队伍参与者身上就可以看出王的葬礼是一件非常重大的政治事件。

纯宗皇帝登基大典场景。登基大典的举办正逢先王国葬仪式进行之中,因此仪式较为简单,仪轨中也没有相关记录。

先王宾天之后,新王就会登基。虽然登基大典是最重要的政治仪式,但现在保存下来的仪轨中却没有任何登基大典的相关记录。实际上,登基大典也是简单进行的,因为新君登基之时正逢先王葬礼进行之中。在对先王宾天的哀悼中,新一朝的国君登上王位,新的政治利益关系配置由此展开,这实际上说明登基是与先王宾天有关的最重大的事件。

"王的魂灵啊，请回来吧"：国葬流程

儒家思想重视身份，因此根据对象的不同葬礼相关用语也不同。以"死"为例，《礼记》中规定了"天子死曰崩，诸侯死曰薨，大夫曰卒，士曰不禄，庶人曰死"。朝鲜王朝的国君位列诸侯，因此王死时对应的说法是"薨"。实录中通常记为"上升遐"。葬礼的说法也有所区别。王和王妃的葬礼称为国葬，世子和世子嫔的葬礼称为礼葬，皇帝的葬礼称为御葬。

王宾天之后，国家设立总管葬礼的国葬都监、负责殡殿和殓袭等相关事务的殡殿都监、负责陵墓建设的山陵都监等官职，各司其责。国葬结束之后，由各都监来制作仪轨留下记录。现在就以现存的仪轨为依据，以各种仪轨中蕴含的意义为中心，来详细介绍一下国葬的流程。

首先，王宾天之时，内侍拿着王平时穿过的王袍爬上王宫的屋顶，挥舞王袍高呼三声"上位复"。在儒家思想中，生命意味着魂魄处于身躯之中，两者共存的状态。魂魄离开身躯之时，就代表着死亡，死去之人的魂魄都会飘向魂魄聚集的北方。在没有电灯的时代，据说人死时灵魂出窍的场面是可以看到的。这一现象也被称作以现代小说家崔明姬小说题目而闻名的"魂火"。高呼"上位复"的含义就是召唤着"王的魂灵啊，请回来吧"。挥舞先王生前穿过的王袍，是因为希望逝去的魂魄看到有自己气息的衣服后能够回归身体之中。王妃宾天之时则高呼"中宫复"。这种习俗民间也有，叫做"招魂"，表示召唤魂魄的意思。近代诗人金素月的《招魂》就是怀着召唤逝者的

心情来歌咏怀念之人的诗歌。

儒家礼法中还规定等待回魂的时间也根据对象的不同而有所区别。天子是七天，诸侯五天，庶人三天。朝鲜时代的王对应的是诸侯，因此五天之后，王如果没有回魂，尸身就会入殓，随后世子举行登基大典。

等待王回魂的五天时间也是葬礼准备的时间。此时会进行将尸身进行清洗并穿上寿衣的"袭"，用衣服和被子将尸身包裹起来的"小殓"和"大殓"等流程。大殓结束后将尸身放入棺中，王的棺被称作"梓宫"。一般百姓的葬礼上，棺被直接放置在"殡所"，即灵堂之中。但国葬时，王的梓宫要放置于被称为"欑宫"的巨大箱子之中。

入棺之后，人们要穿上丧服，丧服被称作"成服"。丧服是确认死者已逝时的着装，尸身入棺之后人们才穿上丧服。因此新君登基时也是穿着丧服的，以表明登基大典是承载着缅怀先王的悲痛心情的仪式。

《正祖健陵山陵都监仪轨》中的欑宫图。

高宗皇帝殡殿。高宗于1919年正月宾天。该照片登于1919年3月京城日报社发行的《德寿宫国葬画集》,该书于1980年10月由和信出版社以《大韩帝国高宗皇帝国葬画集》的题目重新编辑出版。

根据儒家礼法的规定,入棺后的五个月为国葬期间。在这期间,尸身存放的地点被称作"殡殿",相当于普通百姓的灵堂。国葬期间,新任国君要呆在殡殿旁边的庐幕之中,并数次进殡殿哭丧,以表现丧父之痛。

修建王陵需要时间,因此国葬进行的时间也长。修建王陵是五千多人共同完成的大工程,所有事宜均由山陵都监来负责。王陵修建完毕之后,王的棺木便从殡殿出殡,离开王宫,经过"路祭"后前往陵墓。

国葬队伍,万人同行

王的棺木从殡殿出发前往陵墓的路上,围观的百姓们全都沉浸在巨大的悲痛之中。而国葬队伍更是可以用壮观来形容。国葬是将对死亡的敬畏与对权威的臣服融为一体的盛大仪式,具体的流程都反映在《国葬都监仪轨》班次图中。

1800年正祖国葬队伍的班次图一共描绘了四十面共1440名参与者。1897年明成王后国葬班次图一共描绘了七十八面共2035名参与者。高宗称帝后[1],国葬升为皇家典礼,其规模变

高宗殡咸宁殿前设置的庐幕。

---

1 1897年,朝鲜高宗在德寿宫登基,宣布成立大韩帝国,称大韩帝国皇帝,终止了和中国的藩属关系,成为日本的傀儡国。

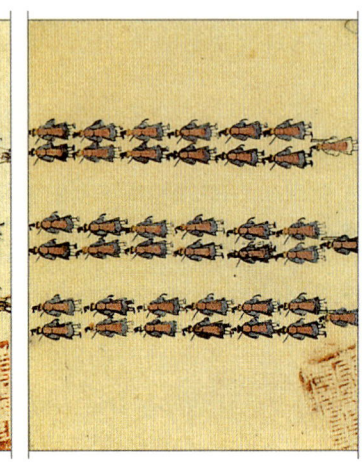

《正祖国葬都监仪轨》班次图前部分,最前面写有"京畿监事"。

得更为宏大。但班次图中的人物只是有限的画卷中描绘出来的一部分,通常国葬队伍中军人、轿夫、新王、大臣等加起来有近一万人。国葬是无比肃穆庄重的仪式,众多参与者事先通过班次图已经进行过彩排,将自己的位置熟记于心。

  以正祖的国葬队伍为例,最前面的京畿监事是负责引导队伍行进的。陵墓所在地是华城,管理该地区的京畿监事便站在队伍的最前方。具体执行国葬的主要负责人都身着丧服紧随其后。再接着是四百名军士身着制服配戴步枪随行。再后面是各种旗帜、乐队、祭器、仪仗物、各种书籍、图章、轿子等。在队伍的这一段,最引人注目的是"方相氏"四人,他们负责驱除恶鬼。高宗皇帝国葬队伍中的方相氏有照片为证,他们头上反披着熊皮,带着有四只明亮的黄金眼的面具,乘坐在车中挥舞着长矛和盾牌来驱鬼。

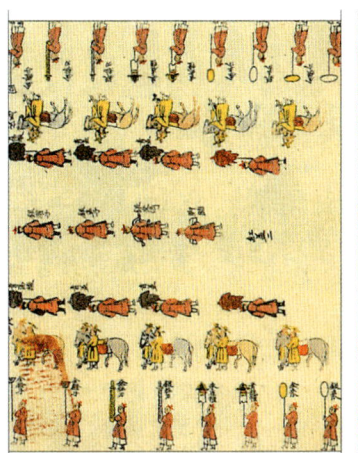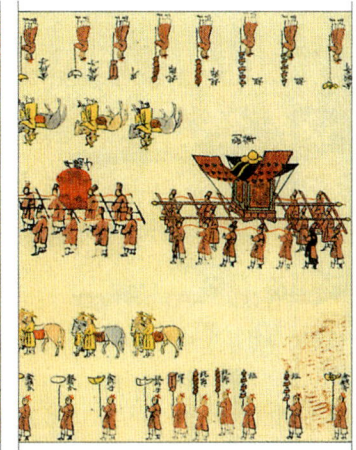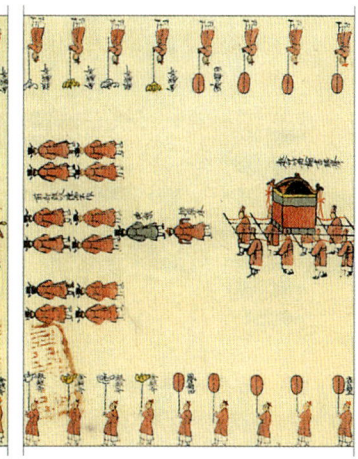

紧随其后走在前面的是具体执行国葬的主要负责人。

在队伍的中段，宣告王身份的铭旌被举在前面，其后跟着大舆，大舆是运载王棺的轿子，因此形态巨大且处于队伍的最中心。大舆的两侧有六个"翣"作为护卫，翣旁边是二十四名军人提着灯笼，最外围是卫兵负责护卫。所谓的"翣"就是一种木扇，举在棺木两边，用于遮阳或防尘。根据绣在白布上的花纹，翣的名称也有所不同。绣有两个弓字背对背形成的图案的叫做"黻翣"，绣有斧子图案的叫做"黼翣"，绣有云图案的叫做"云翣"或"画翣"。根据儒家礼法的规定，国葬队伍中可以使用的翣的数量为，天子八个，诸侯六个。因此作为诸侯国的朝鲜王朝在国葬上使用了黻翣、黼翣、画翣各两个共六个翣。

重视"孕"和"冈"的王陵

王陵的选址最基本的是找到"背山临水"且有"四神砂"的风水宝地。所谓的"四神砂"是指陵墓后面要有守护的玄武(主山),前面要有守护的朱雀(案山),左侧有守护的青龙,右侧有守护的白虎这四座山。

除了上述条件外,王陵还特别注重"孕"和"冈"。墓地后山的主脉走势逐渐降低,但却在墓地后面形成一个小丘,这样的地形称为"入首"或称为"孕"。而因前山的影响,在墓地前形成的圆形小丘称为"前唇"或称为"冈"。朝鲜王陵就坐落在比较低的丘陵之上,并选择"孕"和"冈"地势明显的地方。据此而选择的陵址看起来规模相当雄伟壮观。此外王陵

高宗皇帝国葬时的方相氏。

高宗皇帝国葬时经过东大门的大舆和翣。照片中的黻翣和画翣很容易看到。

的选址还需要考虑一个条件，王生前一直是面向南方的，王陵相应地也应该朝向南面。因此满足上述条件的陵墓还必须朝向南面。

　　朝鲜王陵在空间设置上，以逝者与生者会面的丁字阁为中心分为三个空间。有梓室等的地方作为埋葬逝者的空间是王陵的"入口空间"。入口空间的末端是禁川桥，走过这座石桥，前方是标志神圣区域的红色大门，被称作"红棂门"。

　　通过红棂门就是进行祭祀的丁字阁和准备祭食的水剌间以及王陵守护者居住的守仆房，这就是"祭享空间"。在祭享空间中，以丘陵（孕）之上的墓冢为中心，安置曲墙和石物的地方就是逝者陵寝所在地。

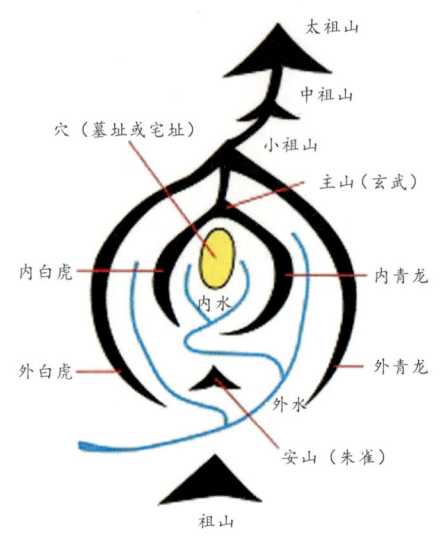

四神砂风水基本概念图。

陵寝的空间设置主要是以坟冢为中心安置各种各样的石物。首先在墓冢四周围上曲墙，再在前方筑上较浅的阶梯，每一层都立着不同的石物。在最下面的一层立有武人石和石马，中间一层立有文人石和石马以及点燃的长明灯等，最上面一层立有石桌和望柱石。王陵的石桌和一般坟墓前放置祭食的石桌不同，也叫做魂游石。王陵的祭食放在丁字阁中，墓冢前的魂游石是供寻找身躯的魂魄停留的地方。魂游石两侧的望柱石是为了让魂魄能在远方看到王陵而高立的石柱。

　　曲墙之内的北侧立有两只石虎。面向曲墙的这两只石虎负责阻挡从北方而来的各种恶鬼。东侧和西侧分别立有两只石羊，两只石羊之间都配有一只石虎。

　　圆形墓冢边还有屏风石和栏杆石。墓冢之内是安放尸身的石室（玄宫）。王陵的空间布局基本是上根据《国朝五礼仪》的规定而安置的。因此，朝鲜的王陵乍一看都像用机器复制出来的一般相似。不过仔细区分的话，石物的种类和形象都有差别，不同时代的王陵都体现出当时的时代特色。

特别是世祖，在修建自己的王陵时，曾指示不采用石室而代之以灰隔室，同时要求不使用保护陵墓的屏风石。而且世祖倾向于不采用夫妇合葬的形式，而代之以分葬的形式。通常这样的举措都是作为陵制的简化政策来实施的，但这其中所显示出的深层意义却可以理解为当时所信奉的风水思想。即不再制作石室以便让尸身在风水宝地吸收灵气，同时因担心屏风石会加重坟冢的重量造成积水而将其取消，此外王和王妃的陵墓分别选址是要从两个方位同时吸收风水灵气。

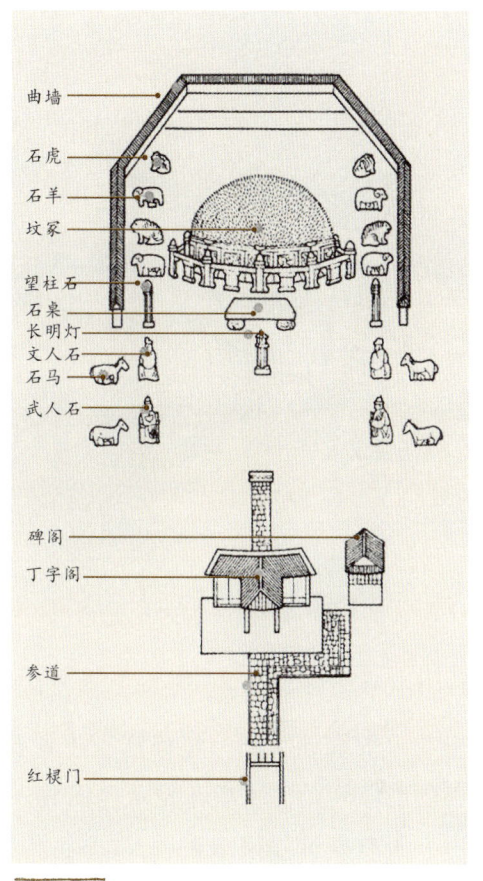

王陵结构图

王陵不仅在结构上具有超大的规模，而且在建筑上因需要大量石物也是一个需要动用大量人力的巨大工程。国葬队伍最终到达目的地王陵之后，将王的棺木安置于丁字阁中后，从攒宫中请出梓宫下棺。不过王陵的坟冢因规模巨大，下棺的方式

世祖王陵（光陵）

也与一般墓地不同。将梓宫安放到石室时，是利用一种叫做轮舆的能够转动的木质车轮从侧面放入的。

所有安葬程序结束后，要举行告慰魂灵的虞祭，将"假神主"牌位请回宫安置于魂殿之中。三年丧期之后，再将假神主请出魂殿埋于宗庙地下，而将新的神主请入宗庙，这一过程就称为"祔庙"。这一流程结束后，国葬才算圆满结束。

对去世的父母守孝三年以表追悼，这一点不管是王室成员还是普通百姓都是一样的。虽说是三年，但指的是父母去世后的第三年，因此守孝的时间确切说是整两年。不过，并非三年丧满后立即脱去孝衣，而是有一段缓冲时间。因此所谓的服丧三年相当于大概二十六个月。服丧三年的做法来源于人们认为出生之后要经过三年才会离开父母的怀抱，因此追悼父母时应该献出三年的时间。

两班，义无反顾学习风水

前文所介绍的各种仪式以及王陵布局中都体现出王的葬礼不仅规模宏大而且是举国同哀。但针对其中的相关礼法的争论却从未间断，有关王陵选址问题的政治性论争也频频出现。可以毫不夸张地说，从某种程度上看，当时的各种政治势力都想利用葬礼以及相关礼法、王陵选址等问题作为对对方进行政治攻击的手段。

虽然不是直接发生在王的身上，但与礼法相关的最有名的事件就是朝鲜王朝第十六代王仁祖的继妃赵大妃（1624~1688）的制服问题。因为赵大妃在儿子孝宗、儿媳仁宣王后、孙子显宗的丧礼上因礼服引起了几次大的辩论。

儒家丧礼规定，亲人们为亡者戴孝时穿的丧服有五种，称为"五服制"，具体包括斩衰、齐衰、大功、小功、缌麻。丧服穿戴的时间和方式都不同。赵大妃的礼服第一次出现问题是因为被称为朝鲜王朝礼仪典范的《国朝五礼仪》中没有国君宾天时其母后应着礼服的相关规定。赵大妃应该穿什么样的礼服这一礼仪问题最先以儒家理学学术讨论的形式展开。讨论的结果是引起朝廷上下历经了1659年的第一次礼讼（己亥礼讼），1674年的第二次礼讼（甲寅礼讼），1675年的乙卯礼论这三次大型的辩论，整个朝廷党争不断。

而王陵的选址及相关事宜则引起了比争论礼法及相关事宜更具政治性、更为持久的问题。举一个具体的例子来看一下。中宗时期，吏曹判书金安老为儿子迎娶孝惠公主时滥用职权，因此受到了弹劾以致被流放。不久后流放解除了，金安老便开始着手反击政敌。四处打探的金安老了解到令自己被流放的人正是二十二年前中宗的继妃章敬王后的陵墓禧陵的负责人，于是便于中宗三十二年上疏，说禧陵下垫着两块大石头，是凶地，应迁葬他地。

在这样的情况下，关于风水的争论就会展开。虽然表面上看是涉及到风水书和风水家的学术争论，但最终都会演变为政治辩论，而政治势力强的人就会占上风。金安老所引起的这个事件也同样经历了长时间的风水争论后朝廷最终导致陵墓迁葬。这样一来，曾经负责禧陵修建的官员们就成了大逆不道的罪人，最终连同他们的家人一起被关进了大牢。这场用逝者的墓地让生者命悬一线的政治争论的焦点正是王陵的选址问题。因此，两班贵族们只能义无反顾地学习风水了。朝鲜王朝五百年期间，实录中重点记录的有关风水的争论就多达一百多次，平均五年就有一次。风水成为朝鲜时代士大夫们必备的修养也与政治有着必然联系。

人们总是有这样的疑问：调动了全国最优秀的风水家的朝鲜王陵还能不是风水宝地吗？但正如前文提到的，实际上王陵的选址及迁葬多是出于政治上的考虑。而且一旦陵址选定后，方圆十里的地方都要空出来，连士大夫的祖坟都不能幸免。因此可能的话两班们都建议王陵建在以前王陵的旁边。东九陵、西五陵、西三陵等几座王陵相邻修建的原因就在于此。由此也出现了很多风水不佳的王陵。

可见王的葬礼和王陵的修建一方面表现出对于先王极致的礼仪，另一方面也掺杂了火药味十足的政治斗争。尤其是世子还没有确定的情况下，围绕由谁来继承大统的问题将会展开激烈异常的宫廷暗斗。这不仅是因为随着先王的逝去将发生新王即位的重大政治变动，还因为以新王即位为契机，可以从葬礼礼法、王陵选址中寻求到很多改变政治势力悬殊变化的机会。

王宾天后进入宗庙

◉

朝鲜王室的祠堂，宗庙

李贤珍·奎章阁韩国学研究院　高级研究员

宗庙的由来和变迁

宗庙是传统社会中儒家文化的一个缩影。在儒家文化圈内，宗庙是最能体现儒家所重视的"孝"和"忠"，"礼"和"乐"的地方。正是由于这个原因，传统社会中也用宗庙和社稷来指代"国家"。相应地在宗庙中举行的祭祀活动也应是最高规格的"大祀"，受到国家高度重视。

宗庙是供奉历代国君及其王妃的神主并举行祭祀活动的王室祠堂，也叫做"太庙"。太庙这一说法来源于周天子封周公于鲁国，鲁国国君的祖庙就称为太庙，从那以后太庙就成为了宗庙的另一种说法。

在朝鲜王朝前期，王室的祠堂有两个。一个是以曾经在位的国君们为中心、代表正统王位继承关系的宗庙。另一个是强调王室血缘、带有家庙性质的祠堂"文昭殿"。因此，当时的宗庙与其说是王室的祠堂，不如说是国家的祠堂更为贴切。壬辰倭乱时，这两个祠堂都毁于大火，但后来只有宗庙得到了重建，文昭殿也因此逐渐被淹没在历史的尘埃中。

朝鲜王朝的宗庙是根据《礼记》中"诸侯五庙"和《周礼》中"宫城之左为宗庙，右为社稷"的规定而建造的。前者是指朝鲜王朝这样的诸侯国可以在宗庙中供奉开国之君太祖加上现任国君的四代祖共五位国君。后者是指以法宫景福宫为中心，宗庙要建于其左侧。

宗庙的正殿是根据东汉开始的同堂异室西上制而建的。原来的宗庙是单独立庙，采用每室供奉一个神主的同堂同室昭穆制，从东汉明帝开始制度发生了变化。所谓的"同堂异室"指的是在同一个宗庙中，隔出不同的房间来供奉神主的制度。"西上"就是以西为上，即在西侧安置地位最高的神主，然后向东侧依次安置其他神主的制度。朝鲜王朝的宗庙就是遵循的这种同堂异室西上制。正殿采用的是七间大室附带左右两侧两个夹室（也叫翼室）的结构。七间大室中五间是石室，是依据诸侯五庙制度而建的，而神主就供于石室之中。在石室之中供奉神主被称作"宗祏"。

朝鲜太祖朝首次修建宗庙时，宗庙内墙内有正殿、功臣堂、神门、东门以及西

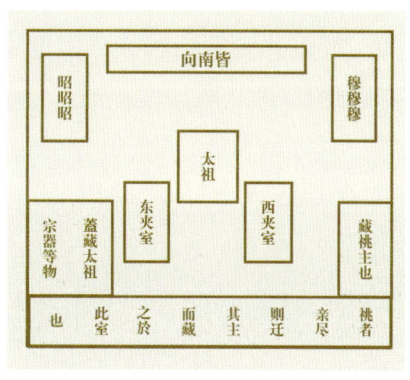

宗庙的同堂同室昭穆制结构。

门。内墙之外有神厨七间、享官厅五间、左右行廊各五间、南侧行廊九间以及斋宫五间。

到了朝鲜太宗时期,宗庙内又增加了祭祀当日用于躲避雨雪的东厢和西厢,这就是所谓的东西月廊。这样的建筑结构是让处于东侧的王和享官[1],处于西侧的乐官以及处于庙室楹柱之外的各位执事官能够免除雨雪造成的失仪之忧。按照月廊本来不在宗庙建筑之列,有人还担心这种不合规制的建筑会被明朝使者看到招致非议,但太宗却不以为然并促进了工程的实施。

正殿中供奉血缘上属于兄弟的国君们的神主时,将他们算作同一世。如此一来,只有五间石室就不够用了,此时两侧多出的两间夹室便也会用来供奉神主。另外,"亲尽"[2]国君的神主能否继续留在宗庙正殿进行供奉,要由后代的国君和大臣们对其功德进行评定后来决定。如果决定永远供奉,那么该神主就成为"不迁之主",供奉不迁之主的神室被称为"世室",即世世代代在此供奉的含义。设立的世室是不包含在"诸侯五世"的五代代数规制中的。随着无关代数的世室的增加,宗庙的正殿也必须不断扩大,因此正殿的建筑形态从横向上来看就不断加长了。

宗庙正殿

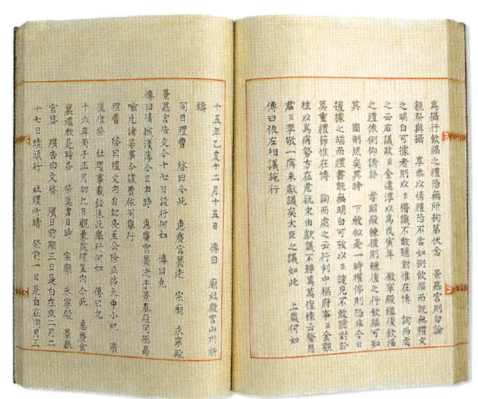

《宗庙仪轨》，奎章阁收藏。制作于肃宗、英祖时期，纯祖十六年（1816年）重新进行了修订和补充。

以后到了明宗时期，宗庙的正殿又增修了四间变为十一间。壬辰倭乱时宗庙被大火焚毁，重建之时还是遵照了之前十一间的规模。重建的过程可以从肃宗时期编辑的《宗庙仪轨》中了解到。到了英祖时期，又增建了四间变为十五间，宪宗时期又增建了四间形成了今天我们能看到的十九间的规模。

朝鲜时代扩建宗庙是非常重大的事件。首先，宗庙是崇尚静穆的场所，不管是修理还是增建都要慎思而行。其次，调集各种物资也实属不易。英祖时期关于增建正殿进行讨论时，黄肠木成为症结所在。因黄肠木珍贵难求，最终决定用松树来替代。海松也经常用于修建宗庙，但当时海松是禁止砍伐的。第三，这一点

---

1 主管国家祭祀的执行官。
2 供奉的代数期满。

永宁殿

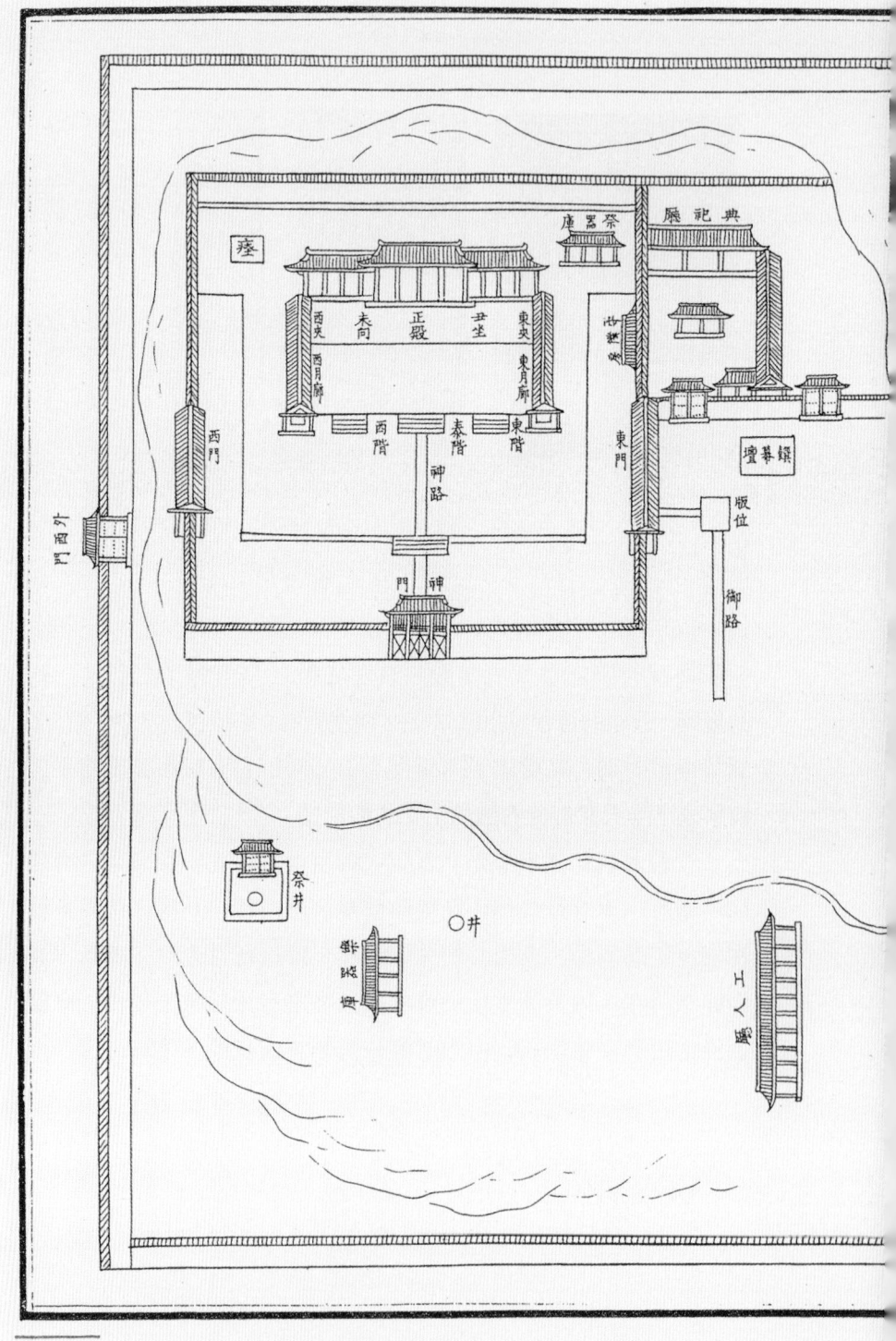

宗庙仪轨中所绘制出的扩建后的正殿和永宁殿布局。
两处建筑布局非常相似。两侧的建筑名称都相同。

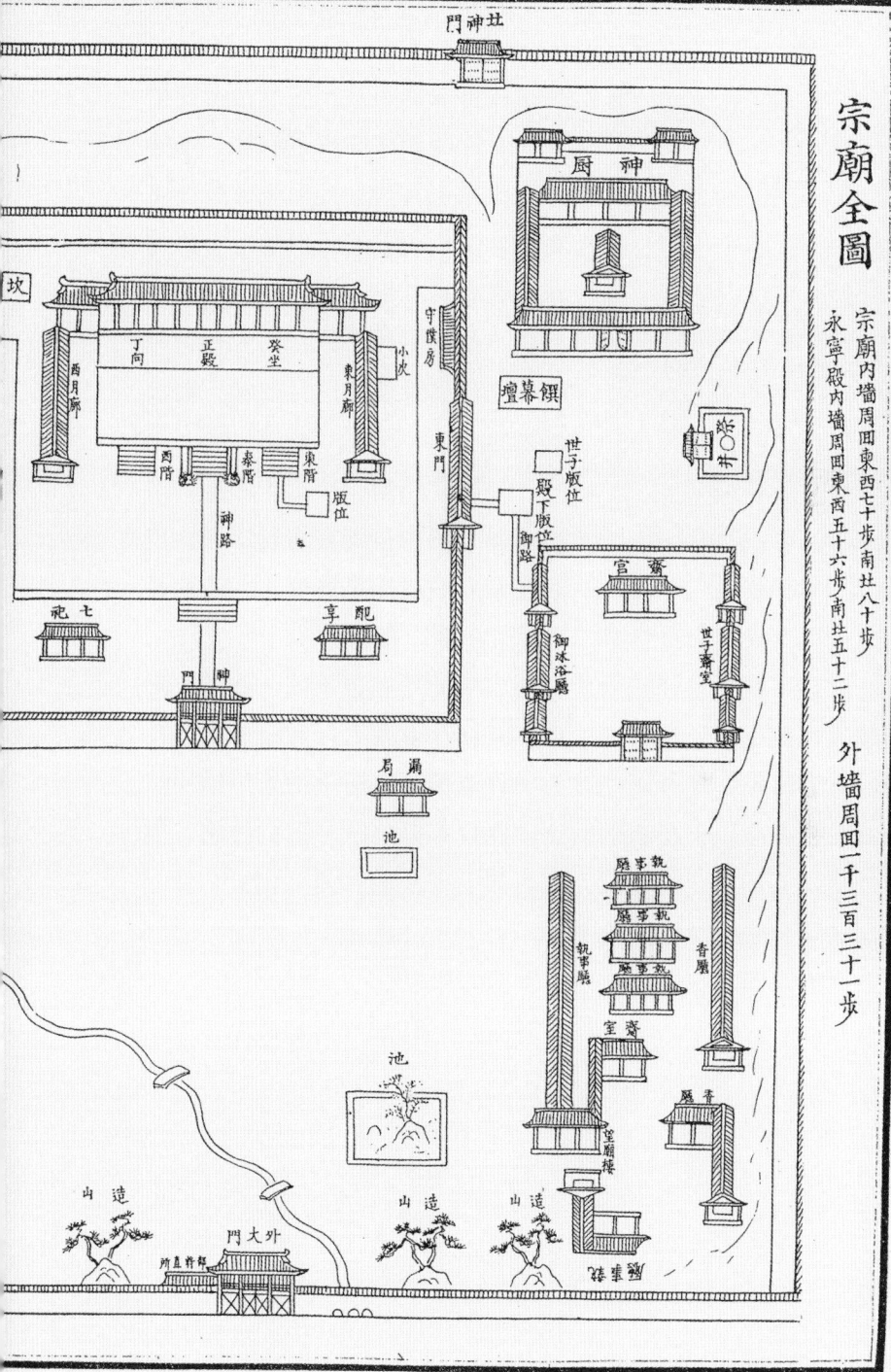

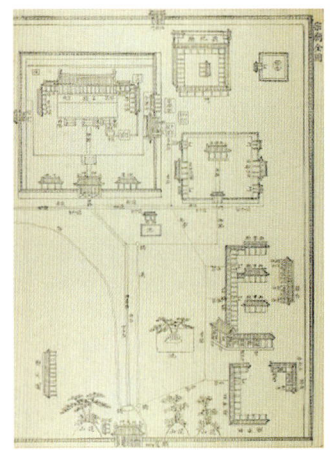

绘制于英祖十七年的宗庙全图。

也是行事需要慎之又慎的最重要的原因。因西侧永宁殿的存在，增建只能向东而行。如此一来，就要将东墙拆掉，而东墙外面的所有附属建筑也要一并挪走，劳师动众带来诸多不便。由此可见，因为种种原因，进行决策之前总是要经历数次商议的。

左图是绘制于英祖十七年的宗庙全图。图中虽没有表现出来，但其实宗庙的后面是鹰峰山，前面是一条小河，表现出出典型的"背山临水"布局。

时代不同，宗庙正殿所展现出来的形态也不同。此外，附属建筑也发生了一些改变。现在只保存有香大厅和望庙楼等几处。高宗时期，朝鲜王朝改为大韩帝国，宗庙里的建筑结构虽没有发生变化，但所有的制度和礼仪都升到了帝国的级别。供奉规模从五庙升至七庙后，太祖加上现任国君的六代祖一共七位国君的神主供奉于正殿之中。

下表是目前在宗庙正殿中供奉的神主：

表 1　宗庙正殿的神主

室神主	1	2	3	4	5	6	7	8	9	10	11	12	13	14	15	16	17	18	19
	太祖	太宗	世宗	世祖	成宗	中宗	宣祖	仁祖	孝宗	显宗	肃宗	英祖	正祖	纯祖	文祖	宪宗	哲宗	高宗	纯宗
昭穆	太祖＋不迁之主													1昭	1穆	2穆	2昭	3昭	3穆
七庙	太祖＋不迁之主													1世	1世	1世	1世	1世	1世

永宁殿的建立和管理

永宁殿是供奉从宗庙正殿度过四代"亲尽"后迁移过来的国君神主的祠堂。"永宁"的殿名是太宗拟定下来的，意为让祖先和子孙永享安宁。永宁殿是世宗时期为了供奉追谥的太祖的四代祖而建立的。追谥的四代祖分别是穆祖、翼祖、度祖、桓祖，因此永宁殿正殿也分为四间。

永宁殿是根据四祖殿建造的。四祖殿是中国北宋开国皇帝宋太祖追谥了其四代祖（即奉祀僖祖、顺祖、翼祖、宣祖）后供奉他们神主的地方。宋代的太庙在最开始时将亲尽的神主移至宗庙西侧的夹室供奉。但到了南宋时期，国家才单独建立了专门供奉追谥四祖的四祖殿。从这一点上来看，四祖殿与为了供奉亲尽之后的追谥四祖而建立的永宁殿是有区别的。

到了燕山君时期，朝鲜王朝第二代、第三代国君正宗和太

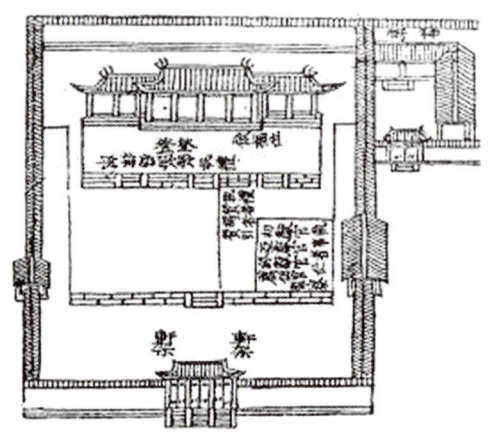 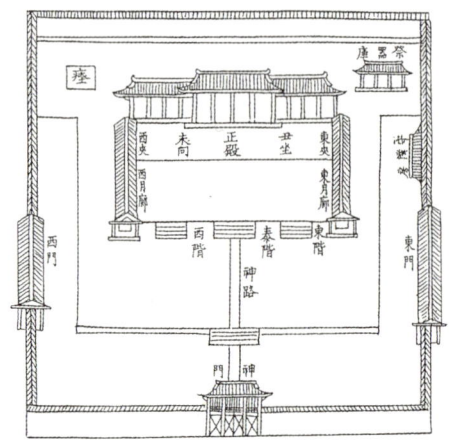

《国朝五礼序例》中记载的永宁殿最开始的结构图（左图）以及显宗时期重新修建后的结构图。

宗成为太祖以后首批亲尽的国君。因此，大臣们就如何安置这两位国君神主的问题进行了讨论，最后将太宗的神主移至世室供奉，将正宗的神主移至永宁殿东夹室进行供奉。永宁殿的左右两侧夹室中供奉神主的顺序是首先将神主移至东夹室（左翼室）进行供奉，空间不足时再移至西夹室（右翼室）。绝对不能将神主从西夹室开始供奉。

由此，永宁殿中不仅是正殿，夹室也开始供奉神主了。随着时间的流逝，那些在后代眼中功德未满的国君们的神主逐渐占据了夹室的空间。于是左右夹室不可避免地需要增建，看起来就像给正殿加上了长长的双翼。

永宁殿最早的结构被《国朝五礼序例》完好地记录了下来。从结构上看，夹室总会成为永宁殿的问题所在。世宗朝第一次拟建永宁殿时，决定左右夹室各建一间。但从成宗朝的建筑结构图来看，左右夹室变为各两间。很遗憾，有关夹室增建过程的文献目前并未发现。

后来，由于壬辰倭乱，永宁殿随着宗庙正殿一同毁于大火。后来，宗庙按照明宗时期的形式得以重建，而永宁殿左右夹室则由原来的各两间增加到各三间。显宗朝又增建了左右各两个夹室，变为正殿四间、左右夹室各四间。宪宗朝再次增建了两间，变为现在我们看到的左右六间夹室的结构。

现在永宁殿附属建筑典祀厅（又叫神厨）遗址已经只剩下了基石。朝鲜王朝升为大韩帝国之后，按帝国礼制编订了《大韩典礼》，其中就有典祀厅的图示。不知道是因为六二五战争（1950年韩朝战争）的关系，还是其他什么原因，典祀厅不明缘由地消失了。此外，根据显宗时期增建的结构来看，东夹室后面存放祭器的祭器库也没有保留下来。

永宁殿的正殿和左右夹室中供奉神主的现况如下表所示：

表2 永宁殿正殿和左右夹室的神主

西夹室						正殿				东夹室					
5室	6室	7室	8室	9室	10室	1室	2室	3室	4室	11室	12室	13室	14室	15室	16室
正宗	文宗	端宗	德宗	睿宗	仁宗	穆祖	翼祖	度祖	桓祖	明宗	元宗	景宗	真宗	庄祖	英亲王

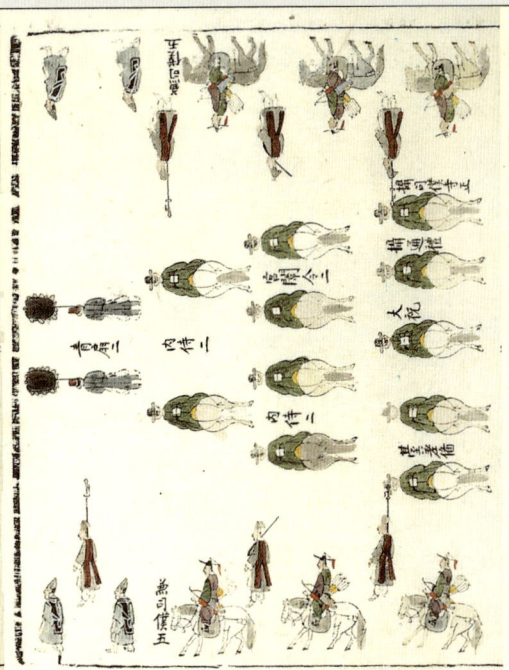

《宗庙永宁殿增修都监仪轨》中的《移还安班次图》，纸本彩绘，奎章阁韩国学研究院收藏。
描绘的是宪宗朝1835～1836年，增修永宁殿左右各两间夹室时迁出神主的"移安"和重新安置神主的"还安"过程。

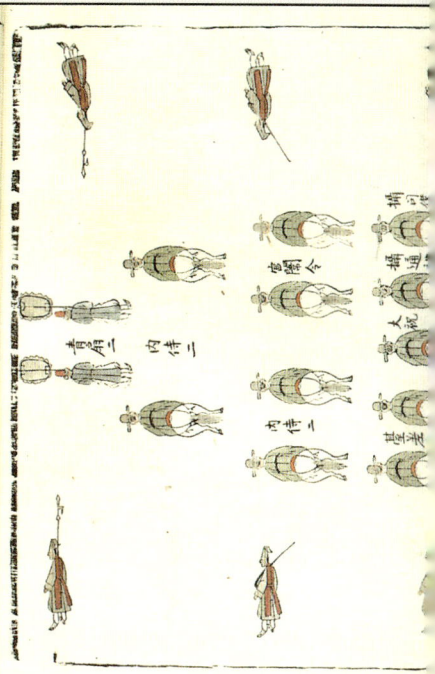

放置神主的轿子

前文详细介绍了宗庙正殿和永宁殿的营建及改建的过程，简单总结一下，如下表所示：

表3 宗庙正殿和永宁殿的营建及变迁

年代	营建内容	宗庙正殿	永宁殿
1395年（太祖四年）	初建	正殿七间 左右夹室各两间	
1421年（世宗三年）	初建		正殿四间 左右夹室各两间
1546年（明宗元年）	宗庙正殿增建四间	正殿十一间 左右夹室各两间	
1608年（光海君即位）	增建 （永宁殿左右夹室各增建一间）	正殿十一间 左右夹室各两间	正殿四间 左右夹室各三间
1667年（显宗八年）	永宁殿左右夹室各增建一间		正殿四间 左右夹室各四间
1726年（英祖二年）	宗庙正殿增建四间	正殿十五间 左右夹室各两间	
1836年（宪宗二年）	宗庙正殿增建四间，永宁殿左右夹室各增建两间	正殿十九间 左右夹室各两间	正殿四间 左右夹室各六间

王室神主

最后要说一下供奉在宗庙正殿和永宁殿中的王室神主。人死后要魂归上天，神主就是神魂依存的地方。朝鲜王室的神主分为两类，虞主和练主。

虞主用桑树制作而成，在下葬地题主，供奉于魂殿之中，直到举行"练祭"（小祥祭）后再将其后埋于墓冢北侧的台阶下。练主是用栗树制作而成，在魂殿中题主，举行"禫祭"后将其供奉于宗庙之中。练主才是最终供奉于宗庙的神主。两种神主形态相同，如下图所示。

不过两种神主使用的方式不同。特别是练主与中国明清两朝神主的使用有所不同。首先来看虞主，虞主采用的是朝鲜王朝的大臣们在王陵拟定的两个字的庙号再加上八个字的谥号（上谥）组成的 [庙号 + 上谥 + 大王] 形式。庙号是国君宾天后神位进入宗庙时追尊的称号，即我们称呼朝鲜王朝国君时经常使用的"太祖、世宗、成宗、高宗……"等。

练主是在魂殿中写好的，在虞主上的文字前面再加上"有明增谥 + 赐谥"。也就是说练主上写的是"有明增谥 + 赐谥 + 庙号 + 上谥 + 大王"。魂殿是王和王妃宾天五个月后，从在王陵举行葬礼开始直到将神主从王陵带回在宗庙举行祔庙之时安置神主的地方。赐谥就是宗主国中国赐予朝鲜国君的谥号。

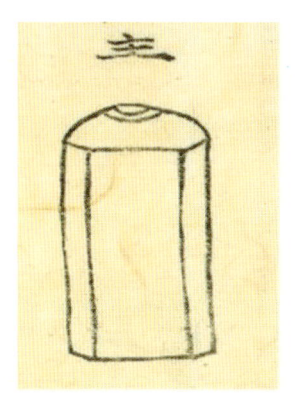  

神主（左图和中图）和放置神主的龛室。

练主上书写的方式是中国明朝时的样式,到了中国清朝时期,因中原易主,"有明增谥+赐谥"这一部分被除去了。去掉"有明增谥"是因为明朝已经不存在了,而去掉"赐谥"是源于朝鲜王朝的自尊心。因为朝鲜王朝认为清朝的统治者是狄夷,即使清朝赐予了谥号,在神主上也不会表现出来。神主上的书写样式如下:

虞主:太宗(庙号)+圣德神功文武光孝(上谥)+大王
练主:明朝——有明增谥+恭定(赐谥)+太宗(庙号)+圣德神功文武光孝(上谥)+大王
　　　清朝——仁祖(庙号)+宪文烈武明肃纯孝(上谥)+大王

功臣堂的作用和管理

在宫中为建筑取名时,有的用"殿",有的用"堂"。"殿"用于最高规格的建筑,"堂"用于比"殿"规格低一级的建筑。宗庙也如此。宗庙正殿和永宁殿的名字中都有"殿"字,而功臣堂和七祀堂的名字中都有"堂"字。这就表明功臣堂和七祀堂的规格比正殿和永宁殿低一级。

功臣堂也叫做"配享堂",因要配享功臣而得名。仪轨中所绘的《宗庙全图》中的该建筑上标有"配享"二字,而正祖时期编辑而成的《春官通考》中就写的是"功臣堂"。那时的功臣指的是历代国君在位之时公认的功劳最高的人。他们大多是因为参加战争、叛乱或拨乱反正而成为功臣。这些功臣也是家族的骄傲，因此在家庙中也成为不迁之主。

功臣堂居于以宗庙正殿为中心的左侧（东面）。关于功臣堂的规模，文献纪录有所不同，有说三间的，也有说五间的。正祖时期虽然有增建功臣堂的纪录，但并未言及其规模。不过有一点可以确定的是，正祖二年五月的功臣堂共有十三间。

功臣堂的特点在于，供奉于此的功臣神主的命运与他们生前服侍的国君神主的命运息息相关。国君神主被确定为不迁之主迁至世室后，宗庙中供奉的功臣神主便依旧留在功臣堂中。否则，国君神主被迁至永宁殿后，原奉于功臣堂的功臣神主就会被交还于其家族后人，埋于家墓旁边。因此不仅是通过宗庙正殿和永宁殿可以侧面了解到后世对于国君的评价，功臣堂中也可以看出王对于功臣的评价。

历代国君的功臣如下表所示：

表4 奉于宗庙的功臣

国君	供奉功臣
太祖	赵浚、李和（义安大君）、南在（追配[1]）、李济（追配）、李之兰、南誾（追配）、赵仁沃
正宗	赵李芳毅（益安大君）
太宗	河崙、赵英茂、郑琢、李天祐、李来
世宗	黄喜、崔润德、许稠、申槩、李㯝、李褆（让宁大君、追配）、李补（孝宁大君、追配）
文宗	河演

---

[1] 追封为功臣后供奉于功臣堂。

续 表

国君	供奉功臣
世祖	权擥、韩确、韩明浍（追配）
睿宗	朴元亨
成宗	申叔舟、郑昌孙、洪应
中宗	朴元宗、成希颜、柳顺汀、郑光弼
仁宗	洪彦弼、金安国
明宗	（尹溉）、沈连源、李彦迪
宣祖	李浚庆、李滉、李珥
仁祖	李元翼、申钦、金瑬、李贵、申景禛、李曙、李俌（绫原大君、追配）
孝宗	金尙宪、金集、宋时烈（追配）、李浣（麟坪大君、追配）、闵鼎重（追配）、闵维重（追配）
显宗	郑太和（追配）、金左明、金寿恒（追配）、金万基（追配）
肃宗	南九万、朴世采、尹趾完、崔锡鼎、金锡胄（追配）、金万重（追配）
景宗	李濡、闵镇厚
英祖	金昌集、崔奎瑞、闵镇远、赵文命、金在鲁
庄祖	李宗城、闵百祥
正祖	金锺秀（复享[1]）、俞彦镐、金祖淳（追配）
纯祖	李时秀、金载瓒、金履乔、赵得永、李球（南延君、追配）、赵万永（追配）
文祖	南公辙、金鏴、赵秉龟
宪宗	李相璜、赵寅永
哲宗	李轩求、李憙（益平君）、金洙根
高宗	朴珪寿、申应朝、李敦宇、闵泳焕

1　被撤出文庙之后重新供奉。

七祀堂和七神

七祀堂居于以宗庙正殿为中心的右侧（西面）。建筑规模不曾变化，一直是三间。虽然七祀堂具体建立于哪个时期目前没有确切的记载，但根据太宗十年至十四年之间的纪录推断，七祀堂至少在太宗十四年左右就已经建成。该建筑在《宗庙全图》中被标注为"七祀"，在《春官通考》中就被写成了"七祀堂"。

七祀堂中供奉着七位神灵，下面将记录于朝鲜王朝国家典礼署的七位神灵的名字、作用、祭祀时期进行一下整理。

1) 司命之神：宫中地位较低的神，主管"三命"，在春季进行祭祀。所谓的"三命"第一是"有受命以保庆"，指的是年寿。第二是"有遭命以谪暴"，指的是行善而遇凶。第三是"有随命以督行"，指的是随其善恶而报之。
2) 司户之神：主管出入，在春季进行祭祀。
3) 司灶之神：主管饮食，在夏季进行祭祀。
4) 中溜之神：主管住宅，在六月土旺时进行祭祀。
5) 国门之神：主管出入，在秋季进行祭祀。
6) 公厉之神：昔日无嗣诸侯的魂灵，主管杀伐，在秋季进行祭祀。
7) 国行之神：主管交通，在秋季进行祭祀。

附属建筑及其他

宗庙除了正殿、永宁殿、功臣堂、七祀堂之外，还有很多附属建筑及其他物件，下面来简单介绍一下：

- 乐工厅：位于宗庙正殿西南方向。祭礼上乐工们准备乐器并与佾舞员一起稍事休息的地方。
- 守仆房：是与宗庙正殿东门墙壁相连的建筑，供守庙之人居住。《春官通考》中称为"小次房"，日治时期称为"守仆房"。
- 典祀厅：也叫"神厨"，是宗庙祭祀时准备祭品的地方。《春官通考》中提到典祀厅中有屠宰牛、羊、猪等牺牲的"杀家"和"宰杀厅"。
- 馔幕坛：位于守仆房东侧，用于展示典祀厅中做好的祭品，供典祀官检验。
- 祭井：位于典祀厅东侧，用于提供祭祀典礼上使用的"明水"以及制作祭品用水。
- 省牲版：位于典祀厅前方，将宗庙大祭上使用的牛、羊、猪等牺牲放于版位上检验其是否适合用于祭祀。所有的牺牲不能抽打以防伤害它们的身体。牺牲如果死亡就埋于地下，如果生病就用其他的牺牲来代替。
- 斋宫：举行祭祀之前，王沐浴斋戒、齐整礼服的地方。斋戒是祭拜神灵之前的准备仪式，即在祭祀之前洁净身心，严守禁忌。以庭院为中心北侧是御斋室，西侧是御沐浴庭，东侧是世子斋室。

- 望庙楼：负责管理宗庙事务的机关"宗庙署"曾经的办公地点。也用于管理全图、金宝图式、御制诗、御真等材料及保管仪轨等。
- 香大厅：保管敬神所用的祭祀用香，以及标明祭祀意图的祭文、供奉神明的礼物等的地方。在其西侧是祭祀事宜管理者稍事休息的执事厅。

除了这些附属建筑以外还有莲池和假山。从《宗庙仪轨》和《宗庙仪轨续录》中可以看出，以外大门为基准，东侧有两座假山，西侧有一座假山。此外，举行祭祀活动时，不同的身份有不同的行进路线，这些都被很好地记录在英祖十七年编辑而成的《宗庙仪轨续录》中的《宗庙全图》中。进入外大门，过桥之后有三条路。中间的一条是神灵通行的"神路"，东侧的是国君通行的"御路"，西侧的是世子通行的"世子路"。神路通向正殿前的神门，而御路和世子路则通向斋宫。

宗庙是象征王室继承正统的代表性空间。朝鲜王朝在日本帝国主义的侵略下丧失主权后，宗庙也受到了极大的影响。通过1928年纯宗宾天后在宗庙的祔庙礼可以看出宗庙的生命力几乎已经丧失了，在宗庙中举行的祭礼都只是形式上的礼节。

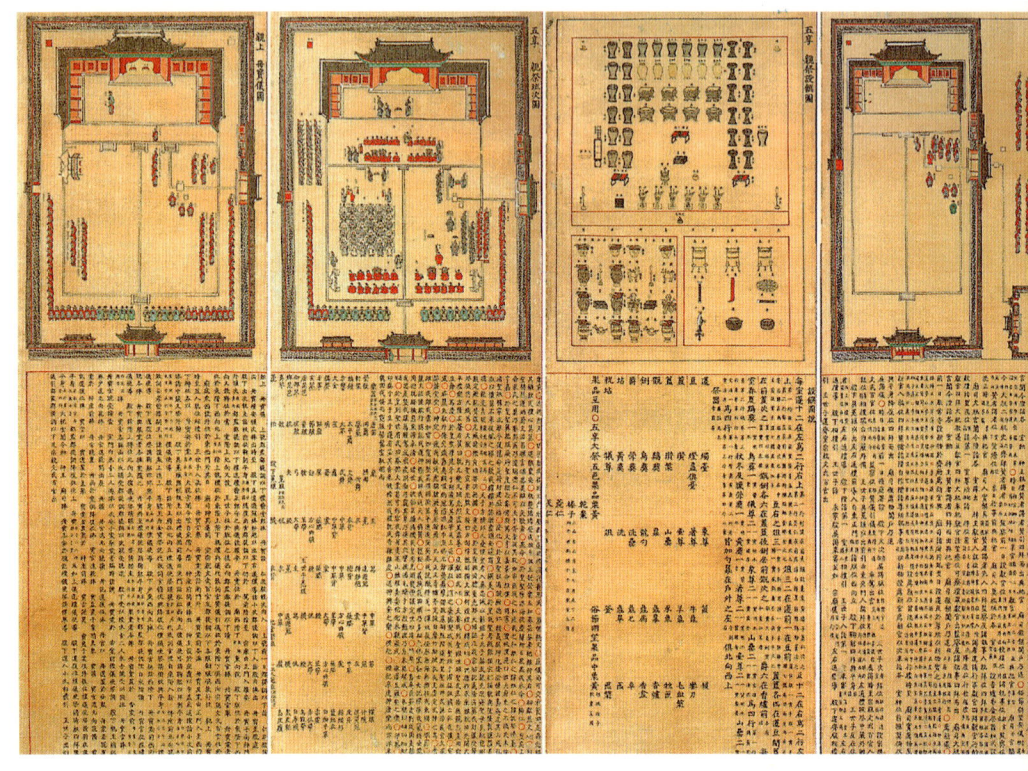

画有宗庙中举行的重要活动的屏风。高宗年间，彩色绸质，八幅屏风，每幅141×48.8cm，韩国国立故宫博物馆收藏。图中绘有宗庙大祭等在宗庙中举行的活动，并详细地记录了各仪式的流程。第一幅和第二幅详细记录了宗庙和永宁殿的相关建筑、各建筑的内部构造、供奉的御册和御宝数量。第三幅和第四幅详细记录了祭祀以及展示新谷和时令水果的"荐新仪"仪式的相关事宜。第五幅和第六幅记录的是祭祀流程和供桌摆放等内容。第七幅记录的是祭祀参与者的位置及整体队形。第八幅记录的是王亲自呈上御册和御宝的"亲上册宝仪"仪式。

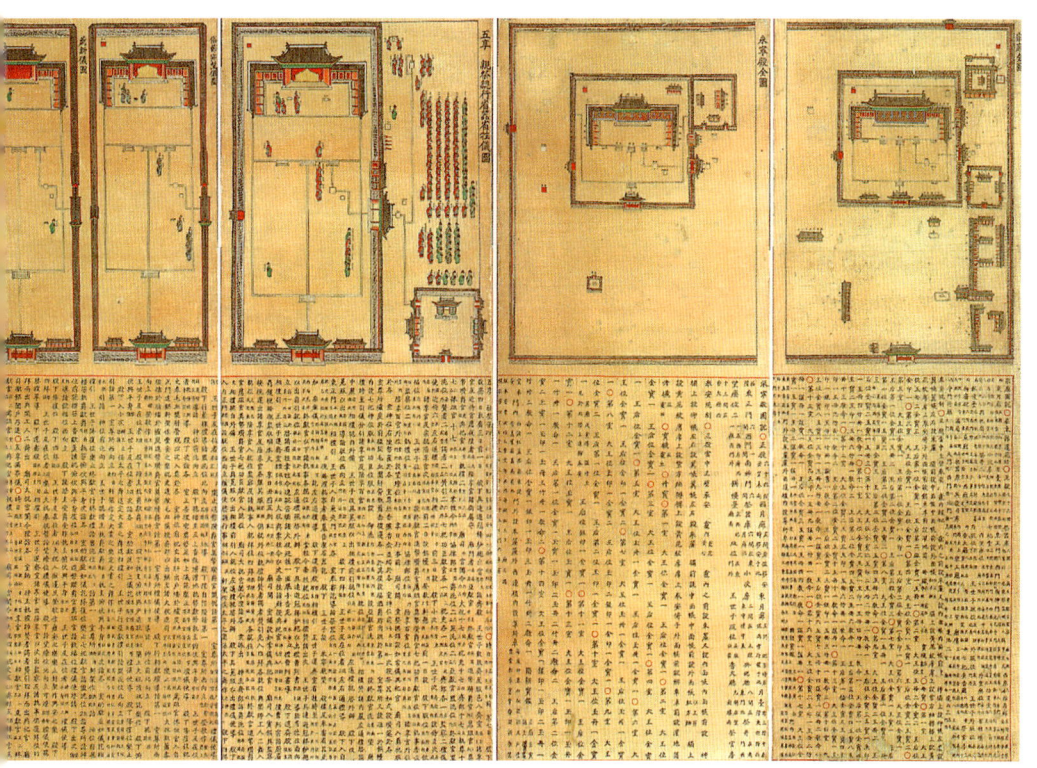

当时日本是否插手了宗庙祭礼,直到现在都是一个有争议的问题。问题的核心在于日治时期书写书面材料的祭官使用的是日式姓名,仅从姓名上来看就判定是日本人有些牵强,也有材料表明祭官是日本抹杀民族政策影响下创氏改名的人,事实究竟如何还需要更为细致深入的研究。

目前,宗庙建筑、宗庙祭礼、宗庙祭礼乐都被列入了世界文化遗产。宗庙祭礼按规定在每年五月的第一个周日举行。

作者简介

金文植（김문식）檀国大学社会学系教授
《正祖的帝王学》《朝鲜后期知识人的对外认识》《朝鲜的王世子教育》（共著）、《朝鲜王室记录文化之花，仪轨》（共著）等等

申炳周（신병주）建国大学社会学系教授
《奎章阁中的朝鲜名品》《李菡评传》《朝鲜王室记录文化之花，仪轨》（共著）等

郑豪薰（정호훈）奎章阁韩国学研究院 HK 研究教授
《朝鲜后期政治思想研究》《再谈实学是什么》（共著）等

李锺默（이종묵）首尔大学国文系教授
《韩国汉诗解读》《朝鲜的文化空间》《浮休子谈论》（译书）等

郑在薰（정재훈）首尔大学人文学研究院 HK 研究教授
《朝鲜前期儒学政治研究》《朝鲜时代的学派及其思想》《世宗的国家统治》（共著）等

张志连（장지연）京仁教育大学社会教育系讲师
《高丽首都开城》（共著）、《高丽末朝鲜初迁都论证及汉阳或开城的建都计划》（论文）、《太祖朝景

福宫殿阁名含义及思想内涵》（论文）等

郑炳说（정병설）首尔大学韩文系教授
《我是妓生》《玩月会盟宴研究》《闲中录》（译书）、《朝鲜时代后期谚文出版盛行的出版史意义》（论文）等

金澔（김호）京仁教育大学社会教育系教授
《许浚东医宝鉴研究》《朝鲜科学人物列传》《朝鲜时代的"学"：自然和人类的统摄》（论文）等

金芝英（김지영）首尔大学历史研究所高级研究员
《朝鲜时代后期国王出巡及出巡之路》（论文）等

金锺洙（김종수）首尔大学国乐系讲师
《朝鲜时代宫中宴享和女乐研究》《国译纯祖己丑进馔仪轨》（译书）等

金起德（김기덕）建国大学文化史学系教授
《高丽时代封爵制研究》《韩国人文学及其影像》《韩国传统文化论》等

李贤珍（이현진）奎章阁韩国学研究院高级研究员
《朝鲜后期宗庙典礼研究》《朝鲜时代宗庙的神主、位版形式的变化——以明清朝代更替时期为主》（论文）等

译者后记

其实我第一次开始对朝鲜王朝产生兴趣是2008年在韩国全州,当时我刚被聘用到全州大学。全州是一座非常古朴的城市,虽然不华丽,但历史积淀出一种厚重,会让人的思绪在不经意间飘回几百年前。每当我的视线落在韩定食的各种传统小菜中,或是落在韩屋村凸凹不平的石板路间,或是落在金山寺院中的菩提树上,我都会想:朝鲜时代的人也这样吃过、这样走过、这样祈求过生活的美好吧。

全州是朝鲜李氏王朝的发源地,太祖李成桂的胎盘就埋在这里。虽然全州是从百济时代就已经存在的千年古城,但真正的繁华却是从朝鲜时代开始的。朝鲜王朝前后六百余年,历经中国明、清时代,留下了很多文化遗产,也经历了不少的屈辱苦难。朝鲜王朝从中国吸取了各方面的先进文化,也发展出具有自身特色的一系列规章制度和风俗习惯。所以说,了解朝鲜王朝的历史,既可以了解与中国的交流史,也能更好地了解韩国现在的社会风貌。

偶然间看到韩国翻译院面向世界选拔翻译人员,希望通过各种语言向世界介绍韩国人文领域的成果。我和同事安教授申请了奎章阁韩国学研究院编辑的朝鲜王朝系列中的《朝鲜国君的一生》和《朝鲜两班的一生》两本书。在翻译的过程中,我们查阅了很多中韩两国的各种文献资料,翻译的过程成了一个学习和对比分析的过程，与付出相比，我们感觉收获更多。

　　读史不仅对于个人，对于国家、民族都有重要的意义。但是，对于历史悠久、文化灿烂的中国来说，了解其他国家的历史有哪些必要性呢？换句话说，中国的文化在历史上对周边国家产生了很大的影响，我们为什么还要去了解周边其他国家的历史呢？我觉得，了解周边国家的历史，不仅仅只是探究某个国家的文化脉络，而是更深刻地去领悟中国的文化，可以找到很多遗落在岁月中的历史细节。在这次翻译过程中，我和安教授都发现我们对自己的国家了解得不够详细，于是翻译工作又成为我们发现自己的过程。

　　最后，我希望通过这个机会表达一下感谢。首先要感谢安教授，翻译工作并不是简单地将一种语言转换为另一种语言，而是将一种文化用其他的方式再现出来，是一种二次创作。没有安教授的认真校对，恐怕译稿中不仅会出现字面错误，还会出现一些不知所云的部分。其次要感谢江苏人民出版社的刘艳经理和曾偲编辑，她们对这本书给予了学术上的肯定并认真安排了出版相关事宜。最后要感谢一直以来支持我的父母和指导教授，他们是我在国外独自生活的动力和勇气。

　　这是我和安教授的第一部翻译作品，能够在江苏人民出版社出版我感觉很荣幸。如果文中有不顺畅的地方还请大家见谅。希望这套丛书在不久的将来都能和读者见面。

王　楠
2016 年 8 月

图书在版编目（CIP）数据

朝鲜国君的一生 / 韩国奎章阁韩国学研究院编；王楠等译. —— 南京：江苏人民出版社，2016.6（2021.3重印）
ISBN 978-7-214-18454-2

Ⅰ.①朝… Ⅱ.①韩… ②王… Ⅲ.①李昑（1694—1776）—生平事迹 Ⅳ.①K833.120.7=41

中国版本图书馆CIP数据核字（2016）第122758号

조선 국왕의 일생 By 규장각 한국학연구원
Copyright © 2009 by 규장각 한국학연구원
All rights reserved.
Simplified Chinese language edition arranged with Geulhangari through 连亚国际文化传播公司
The Simplified Chinese edition published 2016 by Jiangsu People's Publishing Ltd.
江苏省版权局著作权合同登记：图字10-2015-089

书　　名	朝鲜国君的一生
编　　者	韩国奎章阁韩国学研究院
译　　者	王　楠　[韩国]安正燻
责任编辑	曾　偲
责任校对	鲁从阳
装帧设计	黄　炜
出版发行	江苏人民出版社
出版社地址	南京市湖南路1号A楼，邮编：210009
电子邮箱	http://www.jspph.com
照　　排	江苏凤凰制版有限公司
印　　刷	江苏凤凰新华印务集团有限公司
开　　本	718毫米×1000毫米 1/16
印　　张	17.25 插页4
字　　数	185千字
版　　次	2016年9月第1版
印　　次	2021年3月第2次印刷
书　　号	ISBN 978-7-214-18454-2
定　　价	78.00元

江苏人民出版社图书凡印装错误可向承印厂调换。

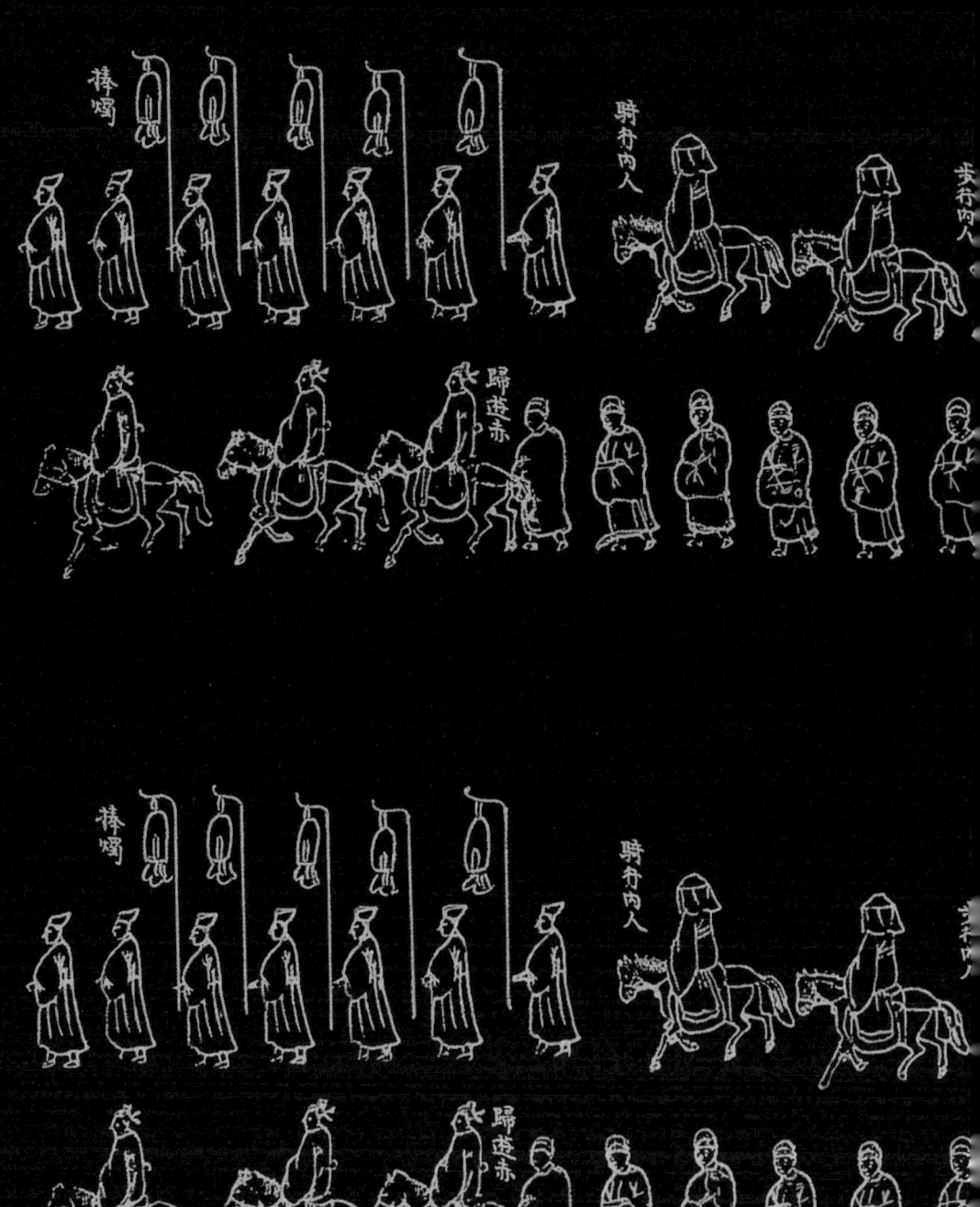